ちくま学芸文庫

風水

中国哲学のランドスケープ

エルネスト・アイテル

中野美代子　中島　健　訳

筑摩書房

風水――中国哲学のランドスケープ【目次】

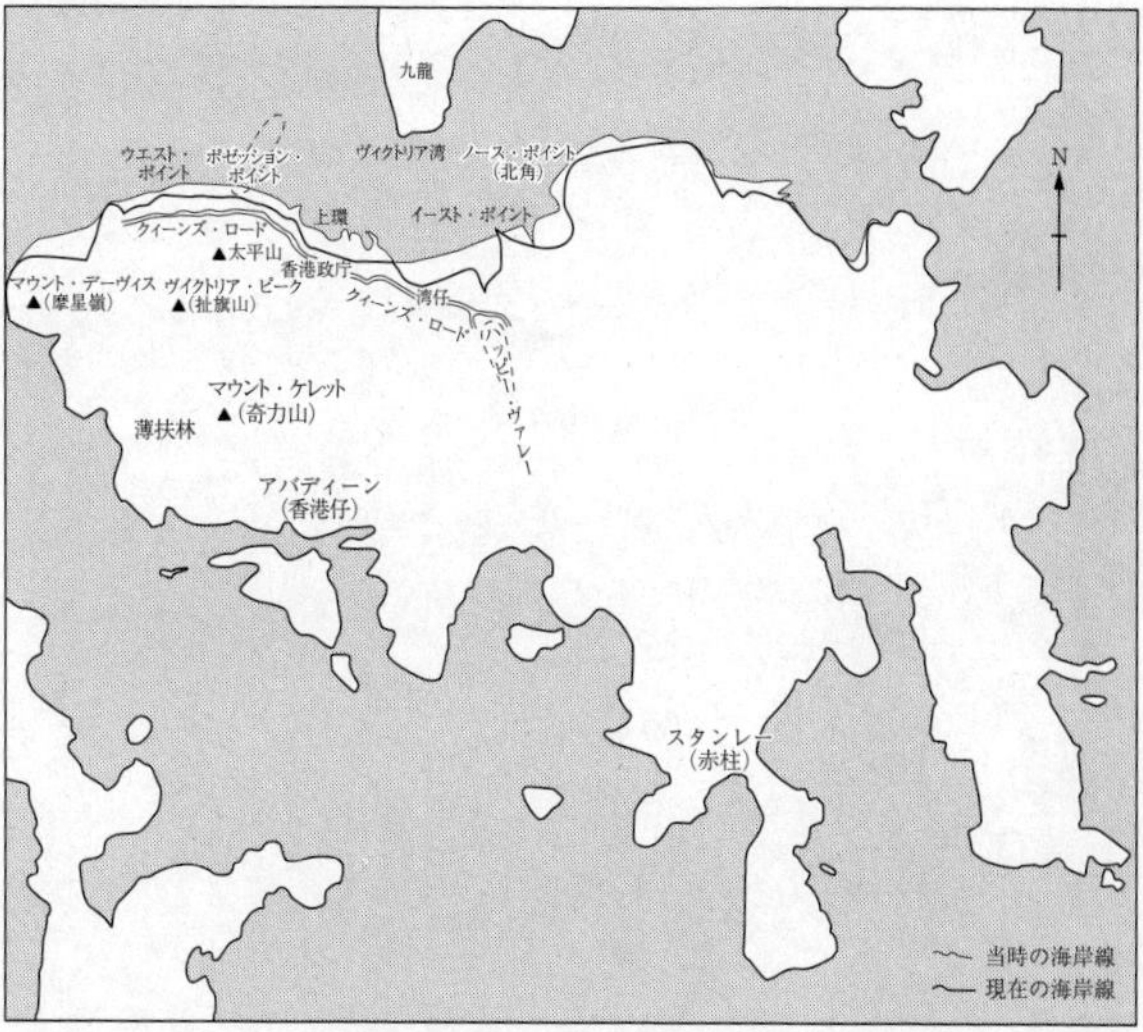

1841〜55の香港　G. B. Endacott, A History of Hong Kong（Oxford University Press, 1964）による。

風水——中国哲学のランドスケープ

E. J. Eitel, 1838–1908

第一章　はじめに

謎の風水

風水とは何だろうか。これは過去三十年にわたってくり返し発せられてきた問いである。(1) 外国人がこの（なじみのない）中華というふしぎな帝国の領土に定住を許されて以来ずっと、この同じ疑問はあちこちで絶えず頭をもたげてきた。土地を買うとき、家を建てるとき、壁をこわしたり旗竿を立てるとき——条約港(2)の居住者たちは無数の困難、それもすべて風水による困難に直面してきた。二、三本の電話用電柱を立てようとしたとき、鉄道の建設を中国政府に強く求めたとき、内陸の炭鉱に利便を提供するためにちょっとしたトロッコ軌道がもち出されたときも、そうであった。中国の役人は、いつも鄭重にお辞儀をし、風水ゆえにそれは不可能ですと言明したものであった。

三十年前、香港植民地の指導的な商人たちが、いわゆる「幸福の谷(3)」に市街の商業地域を置き、島内のこの地域をまち全体の中心にしようと努力していたとき、彼らは風水のおかげで失敗し面目玉をつぶした。香港政庁が、いまギャップと呼ばれている(4)道路を「幸福の谷」まで開削したとき、中国人社会は、こうした龍の四肢の切断が香港の風水に引き起こすであろう混乱のために、度しがたいパニック状態に落ちこんだ。そして、開削に雇われていた多くの技術者が香港熱で死に、「幸福の谷」にすでに建っていた外国人家屋をマラリアのために放棄せざるを得なくなったとき、中国人たちは、風水の報復による罰が下ったのだと得意げにいい放ったものだった。

マカオの総督アマラル氏が、道路建設にたいする強い情熱と風水にたいする限りない軽蔑をもって中国人の墓の位置と方位に手をつけたときなどは、彼は中国人に待ち伏せされ首を斬られてしまったが、中国人は、この卑劣な行為を風水の報復だといったのである。(5)

風水は、中国人の最低の階級をけしかけて卑劣な殺人を犯させる。また、貿易や文明のさらなる発展にたいして政治家たちが否をとなえるときの、申し分ないいいわけとしても利用される。してみれば、たしかに風水には何かがあるにちがいない。

外国人は風水通?

風水とは何だろう。シナ学者たちは中国の古典をとおしてこの問いにたいする答えを求め、彼らの辞書を使って探したが、何も見つからなかった。商人たちは彼らの

Hong Kong . March 15th 1863.
R.G.D.T. 99th Regt:

ロバート・ジョージ・デーヴィス・トスウィル《跑馬地（馬場）とモリソン・ヒル》

買弁《コンプラドール》や下男などに風水とは何かねとたずねたが、得た返答はといえば、いっそう曖昧でこんがらがっていた。せいぜい、風水とは「風と水」という意味であり、「風のようなものなので完全には理解できないし、水のようなものなので捉えることもできないから、そう呼ばれるのだ」と説明されるのがオチだった。

とはいえ、奇妙な話ではあるが、中国人は、常に、外国人は風水について何もかも知っていると主張する。ドクター・マレー(6)の病舎に宿営した香港軍の死亡率が恐るべきもので、この軍医が建物の裏に竹を植えることを提案したとき、中国人たちは、その処置は風水とぴったり一致していると、正当に評価した。そして、それによって実際に病気が阻止されたことがわかると、彼らはそれを風水の効能の証明だとみなしたのである。

香港の外国人居住者が、この島で風水的に最上の場所とされている薄扶林《ポクフーラム》(7)に別荘を建てはじめたとき、政庁がそこに貯水池をつくりはじめたとき、香港島の北側と樹木が点在する山腹に消火用タンクがつくられていたとき、分解の進んだ岩石のある場所での土の開削が禁止されたときなど、中国人は、外国人というのは口にする以上に風水について知っていると思ったし、また測量局長官のことを風水のすばらしい達人だとみなしたものだった。それにしても、外国人はどうして風水について何も知らないようなふりをすることができるのだろう、と彼らはいうのだ。政庁はといえば、島の北側の最高の場所を占め、うしろは高い樹々とゆるやかに張り出した段丘に遮られ、左右には優雅な曲線を描く道路をめぐらしていて、立地条件のすべてが風水の規定するすべての要件をぴったり備えているのに、というわけである。

風水は迷信?

さよう、風水なるものが、もし私たちの常識なり自然の本能なりが教えてくれる以上のものではないとすれば、中国の風水は、私たちにとってたいした謎ではあるまい。ところがじつのところ、中国人は風水を妖術に仕立てあげており、この妖術に熟達しそれによって生計を立てている連中は、風水を謎にするほうが得になる、と思っているのだ。それは、ヨーロッパの錬金術師や占星術師が、謎を彼らの奇想を包みこむのに利用していたのと似ている。

とはいえ、中国に居留するヨーロッパ人は、数年間も中国人と実際的な交際をすれば、風水が何であるかについて、ある程度はっきりした観念を身につけるであろう。

そして読者諸子のほとんどは、風水とは、ほんとうのところ、迷信の体系にすぎないのだ、ということをご存じのはずである。つまり、永遠の繁栄と幸福を保障するために、いつ、どこに墓あるいは家を建てたらよいかを教示するらしい迷信、というわけである。

私は、中国へ到着してからというもの、実際に何度も風水と衝突をやらかした。そしてこの問題について長年にわたりせっせとノートを積みあげ、そのすべての分野についての文献を研究してきた。そこで、その研究の成果を公表しようというわけである。ところで私が思うに、風水とは自然学の別名にすぎない。それゆえ、風水の体系をわかりやすくするために、まず中国における自然科学(8)のあらましを紹介することをお許しいただきたい。

中国における自然科学

中国では、自然科学は、ついぞ育たなかった。ここでいう自然科学とは、私たちにとっては真の科学とは切り離せない、技術的《テクニカル》な、非情《ドライ》な、かつ無味乾燥な方法と結びつくという意味である。

中国の自然学者《ナチユラリスト》たちは、自然を研究し、精密にして実際的な検査や実験により、自然の隠れた秘密をあぶり出すことに、さほどの努力を払わなかった。彼らは、天体を観測するための器具を発明しなかった。昆虫採集をしたり、鳥の剝製をつくることもしなかった。また、動物の体を解剖することにも尻ごみした。また、無機物を化学的に分析することもなかった。

それでも彼らは、自然についてのほんのちょっぴりの知識によって、みずからの内なる意識から自然学の全体系を発展させ、古代の伝承におけるドグマ的な公式にしたがってその体系を説明したのである。しかしながら、実際的《プラクティカル》かつ経験的な探求が欠如していたことは嘆かわしい。それがために、あらゆる種類の憶測だらけの理論に門戸がひらかれてしまった。しかしいっぽうでは、そうした欠如は、中国の自然学に自然の聖なる力にたいする崇敬の念を保持させることになったのである。

現代の儒教は、至高の人格神についての過去の記録を古典には留めているものの、はるか以前に、この神にたいする信仰を捨ててしまった。(9) また、先祖が崇拝していた人格神を、人格のない、すべての属性を欠いた抽象的存在に取り替えてしまった。それでも中国人は自然を、死んで生命のない構造物としてではなく、生きて呼吸をしている有機体だと考えている。彼らには、あらゆるすがたの存在を貫き、天と地に存在するすべてのものを一つの生きた統一体へと結びつける、精神界の黄金の鎖が見えたのだ。

ギリシア人の自然哲学においてしばしば賞賛されてきたことは、彼らが自然を生かし、あらゆる石や、木にいきいきした魂を発見し、海にはナーイアスを、森にはサテュロス(10)を住まわせたことである。自然界をみつめるにあたっての、詩的で、情緒的な、かつ敬虔なこの態度は、中国における自然学の特徴とぴったり一致しているのだ。

風水体系の土台

風水の全体系は、自然についてのこうした情緒的な概念を土台にした。中国の生理学の非科学的で初歩的な特質を見て、苦笑することもできよう。中国におけるあらゆる科学分野が、まことに未発達で、ヨーロッパの小学生にはとっくにおなじみの真理を、まだ手さぐりしていると、指摘することもできよう。また、中国は全体として、大きくなりすぎた子供にすぎない、にわかに暗い影がさした知恵をもった子供にすぎない、せいぜいませた赤んぼ程度の知識を身につけただけで、大人になり、老人になってしまった子供にすぎないと、結論することもできよう。

だがしかし、私があえていいたいのは、この同じ中国は、古来からの民族のなかでももっとも古い民族であり、偉大な帝国のなかでももっとも偉大な帝国であり、さらに少なくとも、世界のあらゆる国のなかでもっとも人口の多い国である、ということだ。年をとって白髪あたまになり、もの憂げで、ぐずで、子供のように無知ではあっても——。

それでも、私はあえていいたい。神もいわれるかもしれないが、私たちヨーロッパ人の科学者だって、観測所や実験室や教室で、自然のいきいきした力にたいする、子供っぽい敬意をもちつづけてきたのだ。見えざるものの神秘にたいする、聖なる畏怖と身ぶるいするような恐怖を抱きつづけてきたのだ。見えざる世界と俗世との絶えざる交流という現実にたいして、確たる信頼を捧げつづけてきたのだ。そして、これらのことも、自然学を手さぐりしている中国人の特徴にほかならないのである。

風水体系の起源

風水の体系は思ったより新しい起源をもつ。その図式と主要な概念は、たしかに大むかしの古典から借りてはいるが、その方法と実際面での応用は、宋代（九六〇―一二七九）に生き、いまでもあらゆる学校で読まれている古典にたいする注釈を著わした、朱熹《しゅき》すなわち朱子（一一三〇～一二〇〇）をはじめとする学者たちの説にほぼ全面的に基づいている。朱子の考えかたは、現代の儒教においても実際に受けつがれており、風水の体系すべての哲学的な基礎になっているのである。

朱子によれば、原初に「無極」と呼ばれる一つの抽象的な要素、いい換えれば単子《モナド》があり、そこから「太極」が生じたのだという。この抽象的な要素たる単子、すなわち「太極」が、すべての存在の根源である。これが動きはじめると、その「気」つまり活力は凝結し、偉大な男性原理たる「陽」を生み出す。「陽」が最大限まで活動してしまうと休息するが、そのあいだに偉大な女性原理たる「陰」を生み出す。「陰」が最大限まで休息してしまうと、また再び活動をはじめる。こうして、やむことなく活動と休息を交互につづける。(11)

この「太極」は「乾《けん》」と「坤《こん》」、すなわち天を形成するものと地を形成するものとに分離した。こうして、天と地がつくられた。「陽」と「陰」を生み出し、それらによって天と地を生み出した「太極」は、しかし、その絶えざる変貌をとめることなく、その流れにおいて、人間と動物、植物と鉱物を存在せしめるに至った。さらに、この同じ活力は、それ以来ずっと活動をつづけている。それも、以上の二つの根源、すなわち「陽」と「陰」の自然の力によって活動しつづけている。この力は、以来ずっと一瞬の中断もなく相互に交替しながら、押しあったり激しく揺り動かしあったりしているのである[12]。

「気」・「理」・「数」・「形」

さて、これら二つの原理を生き生きとしたものにしているエネルギーは、中国語で「気《チー》」すなわち自然の呼吸と呼ばれている。この呼吸がまず流れ出て「陽」と「陰」を生み出し、ついには全宇宙まで生み出すのだが、それは、思いつきやでたらめでそうなったわけではない。ある一定の、しかし計り知れない不易の法則に従っているのである。こうした法則、いい換えれば自然の秩序は「理」と呼ばれるが、それゆえ、活力に満ちた「気」の放出より優先するものであると、抽象的に考えられている。したがって、「気」と「理」とは別なものとして考えなければならない。

さらにこの「理」すなわち宇宙の一般的秩序を考察するにあたっては、古代の聖人たちは、自然のすべての法則および「気」のすべてのはたらきは、ある数学的な原理と厳密に一致していると考えた。その原理とは、図によって描くことができ、その図は宇宙の数的比率を示すものとして、「数《すう》」(13)と呼ばれた。しかし、自然の呼吸すなわち「気」、「理」と呼ばれる自然の秩序、「数」と呼ばれる自然の数的比率、これら三つの原理は、五官ではじかに感知できず、視界から隠れていて、物質的な自然のかたちと輪郭をとおしてしか現われないのである。いい換えれば、自然現象や、目にうつる自然の外形は、自然学の体系の第四のカテゴリーでは「形」と呼ばれる、自然の形態なのである。

さて、「理」すなわち自然の一般的秩序、「数」すなわち自然の数的比率、「気」すなわち活力に満ちた呼吸あるいは微妙なエネルギー、「形」すなわち自然の外形といった自然学の四つの概念こそが、俗に風水の体系と呼ばれるものを構成しているのである。

けれども、風水についてのいかなる中国の研究も——あるいは少なくとも私が目にし耳にした限りでは——みなこれら四つの概念を述べ、あちこちで然るべく重点的に取り上げてはいるものの、一つとしてこの分けかたを整然と貫いているものはない。

翰林院《アカデミー》の侍読学士として名高い、さる広東人学者は、評判のよい地相書に付した序において、風水の全体系は前記の四つのカテゴリーに分けるのが都合がよいようだと述べている。(14)私はこの序文にヒントを得て、この四つのカテゴリーに分ける方式にしたがって読者に風水の体系を提示し、ひろく中国における自然学の全体系を明らかにしようと思う。

第二章　天の法則、地の法則

天は理想、地はその反映

すでに述べたように、私はまず「理」、すなわち自然を支配する一般法則、および物質的宇宙の法則について論じなければならない。これらの法則を正しく理解するためには、中国人にとっては天こそが理想的な姿であり、この大地はその粗雑な物質的な反映にすぎないということを、心に留めておくべきであろう。

この世に存在するすべてのものは、ある種の天上の力のつかのまの姿にすぎない。地上のすべてのものには、その原型《プロトタイプ》、その始原的な原因、その天上的な摂理がある。

中国の思想家が自然の美をながめるとする。たとえば、さまざまな丘や平原、川や海、そしてその色と光と影のみごとな調和を目にすると、そこには、星をちりばめた天空に描かれたさらにみごとな風景の、ぼんやりとした反映があるだけである。彼はその眩いばかりの支配者たる太陽を凝視し、やがて現世として反映している太陽に、あらゆるものを支配する創造の男性的な原理を認めるであろう。夜の美しい女王たる月をながめると、その地上への反映が、月下に存在するあらゆるものを覆う女性的な原理として目にはいるであろう。

木星・火星・金星・水星・土星という五つの惑星がすばやくめぐる軌道を観察すると、それら五つの惑星の地上における片割れが、五つの自然の要素として、絶えまなく生成と交替をくり返していると理解することだろう。その五つの自然の要素とは、木・火・金《メタル》・水・土である。彼は夜になると、星をちりばめた大空を凝視し、この地上にぼんやりと反映している天空のコピーと比較するであろう。山の峰は星たちをかたちづくっている、川や海は銀河《ミルキー・ウェイ》と対応している、などと——。

天空の黙示録

つまるところ、中国人の観察者にとって、天空とは神秘的な教科書であった。その教科書には、自然の法則、国家の運命、あらゆる個人の宿命と運勢などが、秘儀に通じたもの以外はだれも理解不能の、ヒエログラフめいたミステリアスな文字で書きこまれている。さてそこで、天のこうした銘板を解読すること、黙示録めいたこの書物の封印を破ることが、風水の主たる目的となるのである。そしてこの天界のホロスコープを解読すべき第一の方法、いい換えれば、現在と未来の世代の運勢を納めたこの厄介な金庫をひらく第一の鍵とは、自然の一般的原理あるいは法則についての知識にほかならない。

そこで、もし自分の運勢を知りたければ、以下のことをしっかり頭にたたきこんでおくべきだろう。

㈠、天は地を支配している。

㈡、天と地は、生きとし生けるものに影響を与えており、この影響をあなたにもっとも有利になるように向けることは、ひとえにあなた次第である。

㈢、生けるものの運勢は、死せるものの好意やその影響に依存している。

天が地に及ぼす影響

第一の点、すなわち天が地に及ぼす影響について。ここで考察の対象になるのは、太陽と月、十二宮と二十八星宿、五惑星（当時の中国人は五つしか知らなかった）大熊座の七つの星、および北天の九個から成る斗《ます》である。

黄道十二宮

太陽は、すでに述べたように、物質的な宇宙のすべてに影響を及ぼす。それゆえ、黄道十二宮《ゾディアック》に刻された太陽の明白な軌道は、この世にたいする天の影響を測定するにあたっての重要な要素となる。

中国人は黄道を十二等分し、そのそれぞれに、動物の名を付けた。すなわち、鼠（牡羊座）・牛（牡牛座）・虎（双子座）・兎（蟹座）・龍（獅子座）・蛇（乙女座）・馬（天秤座）・羊（蠍座）・猴《さる》（射手座）・鶏（山羊座）・犬（水瓶座）・猪（魚座）にあたる。(1) 昼夜平分時の歳差、すなわち春分点の東から西への移動により、変化が起こった。中国人の先祖たちはそれ以後もこれら十二の星座に固執していたけれども。つまり、ヨーロッパにおける黄道十二宮とそれぞれに対応する星座との関係に変化がおこった。二千年まえ、十二宮と星座とは対応していた。その結果、太陽が白羊宮の原点に入ったとき、太陽は牡羊座に入った。春分点の歳差の影響により、星座とその名称の由来となった宮とが分離し、現在では魚座が白羊宮のところにあり、牡羊座が金牛宮のところに来ている。中国人は、春分点の歳差を知らなかったので、この不一致にやや当惑した。(2) しかし正確さをあまり気にせず、伝統を重んじて実際の不一致を無視し、十二宮をいまだに、現在の姿ではなく、二千年前の先祖が見たように表わしているのである。

中国人は十二宮を、とりわけ一年の二十四節気を定めるのに使う。

二十四節気

太陽が水瓶座の一五度（陽暦二月五日）に入ると、立春である。魚座に入ると（二月十九日）雨水。魚座の一五度に入ると（三月五日）虫が動きだす啓蟄となる。牡羊座に入ると（三月二十日）春分となる。つづいて清明（四月五日）がくる。牡牛座に入ると（四月二十日）穀雨を降らせ、次いで立夏となる（五月五日）。双子座に入ると穀物が膨らむ小満（五月二十一日）と穀物が穂に実りはじめる芒種（六月六日）がくる。蟹座に入ると夏至（六月二十一日）、次いで小暑（七月七日）がくる。太陽が獅子座に入ると（七月二十三日）大暑となり、立秋がくる（八月七日）。太陽が乙女座に入ると（八月二十三日）暑さが収まって処暑となり、白露が降りることになる（九月八日）。太陽が天秤座にくると秋分（九月二十三日）になり、次いで寒露が降りる（十月八日）。太陽が蠍座へ入ると（十月二十三日）霜降、そして立冬となる（十一月七日）。射手座に入ると（十一月二十二日）小雪、次いで大雪が降る（十二月七日）。太陽が山羊座に来ると冬至（十二月二十二日）、それから小寒（一月六日）。太陽が水瓶座に入ると（一月二十日）大寒がはじまる。[3] こうして一年が一巡するのである。

二十八宿

十二宮の次に重要なのは二十八の星宿、つまり月が黄道に沿って毎月の軌道を進むときに通る星座である。これらの二十八宿は四つに区切られ、その最初の七つの星座は青龍と呼ばれ、東に位置する。次の七つの星座は玄武と呼ばれ、その住みかは北にある。次の七つの星座は白虎で、西に位置する。最後の七つの星座は朱雀の姿をしていて南を支配している。

しかし、大地に影響を与える精霊として崇められているこれら四つの星座群のほかに、さらに、二十八宿のうちの房宿《ぼうしゅく》（三五頁図の4）・虚《きょ》宿（11）・昴《ぼう》宿（18）・星宿（25）の四星座は、太陽（日）と幸運な結びつきをしている。[4] また、心宿（5）・危《き》宿（12）・畢《ひつ》宿（19）・張宿（26）の四星座は、月と幸運な結びつきをしている。

いっぽう、五惑星と次の星座の結びつきは幸運をもたらすものである。すなわち、木星と角宿（1）・斗宿（8）・奎《けい》宿（15）・井《せい》宿（22）、金星と亢《こう》宿（2）・牛宿（9）・婁《ろう》宿（16）・鬼《き》宿（23）、土星と氐《てい》宿（3）・女宿（10）・胃宿（17）・柳宿（24）、火星と尾宿《び》(6)・室宿(13)・觜宿《し》(20)・翼宿(27)、水星と箕宿《き》(7)・壁宿(14)・参宿《しん》(21)・軫宿《しん》(28)との、それぞれの結びつきである。

五惑星

二十八宿のほかに、中国人の知っていた五個の惑星とそれら惑星にあるとされた神秘的な力も、風水の体系においてきわめて重要な役割を演じている。木星は東に君臨し、春を支配し「仁」という徳性を具えているとされる。火星は南に住み、夏を意のままにし、「礼」を重んずる。金星は西に住み、秋を支配し、その職分は「義」である。水星は北にあって、冬を支配し「智」を代表する。土星は地球の中心に君臨し、真夏を支配し、「信」という徳性をもっているとされた(5)。

北斗の星たち

ほかにも同様に大地に影響を及ぼす天体がある。五惑星が太陽や月とともに季節の支配者になったように、大熊座の七星も季節の管理について分担して貢献する。このみごとな星座は、地上のほとんどすべての民族の注意と詩的空想とを喚起した。しか

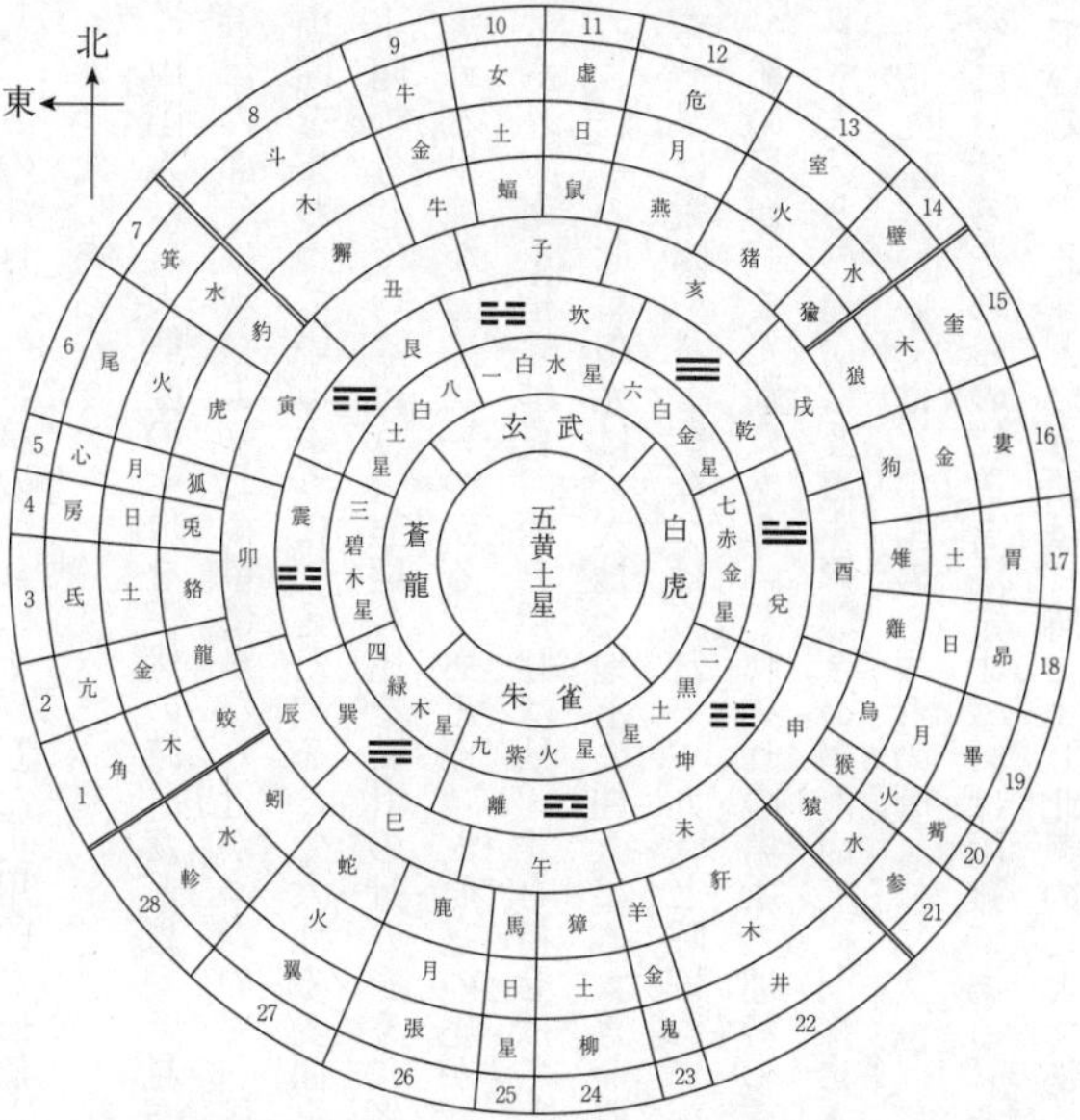

二十八宿・十二支・八卦・九曜・四神対照図

し、この注目すべき星の群れにそうした実用的な価値があると考えた民族は、ついぞなかったであろう。

中国人は、大熊座の七星を天然の時計だと思って見あげていた。古代には大熊座の本体の部分は現在より北極星にかなり近かったので、尾は、時計の針のように、極の周囲をまわっているように見えた(6)。そこで大地の表面を時計の文字盤として地表を二十四等分し、いっぽう大熊座の尾を時計の針のように考えると、前述の二十四節気を決める単純な方法が見つかるであろう。大熊座の尾が、黄昏に東を指せば、世界は春であり、南を指せば夏、西を指せば秋、北を指せば冬ということになる(7)。

これらの七星の光は、大地と地上の住人にも大きな影響を及ぼし、それゆえ、これら七星は太陽や月と結びつけられて、九曜と呼ばれている(8)。北斗九星と呼ばれている一組の星が、また別にある。それぞれの場所の運勢の善し悪しの決定や、その結果として人びとの運命に及ぼす影響といった面で、同様にきわめて重要なものである。これら九星については、中国のいずれの暦書《アルマナク》(9)にも暦《カレンダー》にも詳細に説明してあるが、天空におけるそれらの位置を決定するのは困難である。それらは「北斗九星」と呼ばれているが、北斗という語は、時により北極のことであったり、大熊座のことであったり、あるいは斗宿と呼ばれる二十八宿の一つであったりもする。[10] とはいえ、天上における それらの位置は、ほとんど重要ではない。決まった場所はまったくなく、空中をさまよっているのだとする説すらあるぐらいだ。なぜなら、それらはみなそれぞれ地上に山の形をした片割れ、あるいは代替物をもっているからである。そして、どの山峰あるいはどの丘が、これら九星のどれに対応するのかを決定するのは、風水師の仕事であり術なのである。[11] そのそれぞれが五行の一つ、あるいは後述する八卦《はっか》の一つと持続的な関係をもっているのだ。

五行の原理

次に考察すべき点は、天と地の双方が人間に及ぼす影響である。天、とりわけ五惑星が生きとし生けるものにはたらきかける際の主要な代理者は、五行《ごぎょう》である。けれども、これらを化学的に分解できない五種類の具体的な物質と理解してはならない。それぞれに性格を異にし、あらゆる有形の物質を生み出す原因を形成する、むしろ精神的な要素と考えるべきであろう。

この五行とは、木・火・土・金・水であり、木は木星の、火は火星の、土は土星の、

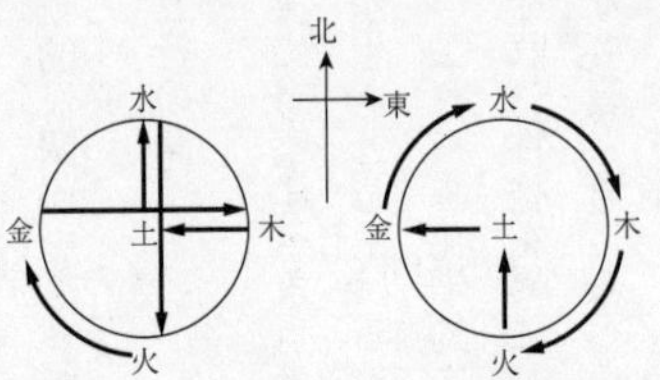

五行相生図

木生火（木は火を生じ）
火生土（火は土を生じ）
土生金（土は金を生じ）
金生水（金は水を生じ）
水生木（水は木を生ず）

五行相剋図

木剋土（木は土に剋ち）
土剋水（土は水に剋ち）
水剋火（水は火に剋ち）
火剋金（火は金に剋ち）
金剋木（金は木に剋つ）

五行の相生と相剋

金は金星の、水は水星の、それぞれ代理者なのである。

しかし、これら五行の相互関係にも注意を払うべきであろう。というのは、それらは、ある結びつきのもとでは、「相生《そうしょう》」したり「相《そう》剋《こく》」したりするからである。木は火を生み、火は土を生み、土は金を生み、金は水を生み、水は木を生む。いっぽう、金は木に剋《か》ち、木は土に剋ち（つまり吸収）し、土は水に剋ち（つまり吸収）し、水は火に剋ち、火は金に剋つ。さらに、木は東において豊かに茂り、金は西に、火は南に、水は北に配当されるが、土は東西南北の中心において優勢であると考えられている。

さらにまた、木は春を、火は夏を、金は秋を、水は冬を、それぞれ支配するが、土だけは、それぞれの季節の最後の十八日間だけを支配する(12)ということにも留意すべきであろう。こうした五惑星のそれぞれの影響は、たとえば、人間の体の五つの構成部分である、筋・脈・肉・骨・皮髪、および体内の五臓、すなわち心臓・肝臓・脾臓(13)・肺臓・腎臓にも及ぶ。さらに白・黒・赤・青・黄の五色、あるいは富裕・名誉・長寿・子孫・天命といった五福(14)やら、君臣の義、父子の親《しん》、夫婦の別《べつ》、長幼の序、朋友の信といった五倫など、あらゆる自然に浸透し、あらゆる自然を支配しているのである。

祖霊の影響

自然の法則にしたがって天地が生きものの運命に及ぼす影響に加えて、生者にたいする死者の魂の影響を統制する法則をも考察する必要があろう。これは私たちヨーロッパ人には魔訶ふしぎな説なのだが、祖霊を崇める習慣をもつ中国人にとっては、途方もないことではないのだ。中国人は、祖霊が絶えず身のまわりをうろついていると信じているので、その祖霊に一族の出来事をいちいち作法に則って報告し、肉や飲みものなどを供える。孔子の語録たる『論語』の注には、「私自身の血気は、私の祖先の血気である。私としては先祖を拝むにあたっては心からの誠と敬意をもつ。かくして祖霊は私と共にある。あたかも麦などもとの植物が枯れても新しい根が傍らにできるようなものだ。かくて、同一の真の魂が、幾世代もへて今日にまで至るのである」[15]と述べてある。朱子は、「私たちは天地について口にするが、実は天地を支えるただ一つの気（魂）があるだけである。私たちは個々人について語り一人一人を区別するが、実は彼らすべてを生き生きとさせる一つの気があるのみである。私自身の気（魂）は私の祖先とまったく同じ気（魂）なのだ」といっている。[16]

アニムスとアニマ

自然の生命と個人の生命の精神的基盤をめぐるこうした有機的一体性、いやむしろ、同一性は、朱子および宋代の思想家たちによって好んで議論されたテーマであった。いまだにあまねく強い影響力をもっているこの学派によれば、人間の魂は二重の性質をもっていて、二重の生活を送るのだという。

彼らはアニムス（animus）とアニマ（anima）とを区別する。前者は自然の男性原理を実体化するものとしての人間本性のエネルギーである。アニムスの気は、天の気である。いっぽうアニマは、いわば、自然における凝縮化の女性的エネルギーの余剰ないしは充満（pleroma）である。アニマの気は、大地の気である。アニムスは霊的なものであり、アニマは魂の物質的あるいは動物的な要素である。生命に必要な気を使いつくすことにより身体が破滅すると、アニムスは天に帰り、アニマは地に帰る。(17)いわば、それぞれが再び分解し、自然の一般的な要素にもどるのである。その一般的要素とは、それぞれの源であり、個々の生命の領域内で一時的に肉体化していたものの源にほかならない。

それゆえ、死んだ先祖の魂は、あたかも天地そのものであるかのように、自然の要素として遍在する。こうして中国人は、自分たちはいつも、目には見えず触れたり扱ったりできないのに、現実的で影響力のある霊的世界に取り巻かれているのだと、考えるべく馴らされてきたのだった。

先祖の墓

さて、大衆というものは、いままでに述べた思想的命題をぐっと通俗化したかたち

トマス・アローム　福建省厦門の古墓。典型的な風水墓でいまでも福建省各地にたくさんある。

の観念をもっていること、疑いない。すなわち、祖霊は、その動物としての性質により、遺体が埋められている墓に、しばし「繋がれて」おり、そのあいだは、その霊的な性質によって子孫の住みかの近くをさまようことになるであろう。したがって、生きているものの運勢は、ある程度、先祖の墓の位置が好ましいかどうかにかかっているらしいと想像することは、まさに、当然かつ論理的だというわけである。もし墓が好ましい位置にあれば、そこに留まっているはずの死者の動物としての魂は快適であり、あらゆる不安から自由になるであろう。その結果として、魂は出入りが自由になるので、先祖の魂は子孫にたいして好感をもち、いつも彼らの周りにいることができ、また霊魂の世界の範囲でならよろこんで、あらゆる祝福を彼らに浴びせることであろう。

生者にたいする死者の影響という、こうした観念がかくも深く植えつけられているからして、外国人に気に入られたがっている中国人は、実際に、「幸福の谷」にある香港墓地へ出かけていく。彼らの供えものや礼拝をよろこぶ死者の魂が生者の魂に影響を与え、それにより、関係するすべてのグループのあいだに良好な相互理解を生み出すだろうとの思いから、そこにある外国人の墓をも拝むことになる、というわけである。

それゆえ、当然のことだが、中国人たるものすべて、死者の安らかな休息を乱さないような場所に肉親の墓をつくるべく、最大の努力を払う。その場所では、天上のいかなる星も、地上のいかなる要素も、死者の安らかな休息を乱してはならない。つまり、自然の気やそのほかの微妙な影響により、丘や谷を凶々《まがまが》しくすることがあってはならないということだ。なぜなら、生者の運不運はひとえにこの一点にかかっているからである。

そこで、墓地に最大の幸運を呼ぶ場所を見つける法則を知ることが重要となる。そして墓地にもっとも適した場所は、天上と地上のあらゆる要素のもっとも幸せな結びつきで決まるのであるから、墓地にもっとも適した場所を見つける方法はまた、住宅なり何なり住みかに適した場所をえらぶ場合にも当てはまること、明らかであろう。死者の魂にはたらきかける影響は、生者にもはたらきかけるからである。

けれども、ここでは原理的なことがらのみをあつかい、この目的に適用しうる法則をできるかぎり簡潔に述べることにしよう。

まず最初に、大地には磁気的とでもいいうる二つの異なる流れがあることを理解しなければならない。ひとつは男性的な、プラスの、好ましい流れであり、ひとつは女性的な、マイナスの、好ましくない流れである。前者は比喩的には青龍と呼ばれ、後者は白虎と呼ばれる。青龍は常に、幸運を呼ぶ土地を含んでいるはずの場所では、きまってその左側に、白虎は右側にいなければならない(18)。

それゆえ、風水師の最初の仕事は、幸先のよい用地を探すにあたって、地面の盛りあがりかたでそれとわかるまことの龍と、その補佐役である白虎を見つけることである。龍と虎とは、男の腕の上膊部と下膊部とになぞらえられた(19)。そして、腕の湾曲部に理想の場所を見つけなければならなかった。いい換えれば、龍と虎によってできる角度、すなわち龍と虎がそれぞれ代表する二つの磁気的な流れが交わるまさにその点に、幸運をもたらす場所、墓あるいは住居の場所が見つかるであろう、ということである。「見つかるであろう」といったのは、それは龍と虎との結びつきのほかに、その特定の場所に影響を与える天と地のあらゆる要素の安らかな調和も、そこになくてはならないからであり、その特定の場所は、羅盤《コンパス》とその示数を観測し、かつ水流のコースを吟味することによって決まることになるからである。

広東の風水

このことを説明するにあたって、広東のまちの好ましい位置取りが、こうした考えでなされたことを述べておこう。すなわち、広東のまちは虎門寨[20]に向かって緩やかにカーヴしている丘の二つの連なりによってできた、まさにこの曲がり角にあって、そこで丘の連なりは出会い、まちは完全な蹄鉄形になっているのである。白雲山と呼ばれているその丘の連なりは龍を表わしており、いっぽう珠江の反対側の起伏のある土地は、白虎をかたちづくっている。[21]

それゆえ広東のもっとも好ましい場所は、龍と虎が左右に突き出ている北門近くの土地ということになろう。[22]というのは、風水の教本によれば、もっとも運勢のよい吉地は淑やかな乙女に似て、深窓にひっこんでいるのを好むと述べており、それゆえ、このことは、奥まったところにある吉地を探すにあたって、参照すべき最初の法則になるのである。

もう一つの法則はといえば、龍や虎といった手がかりがつかめない、まったく単調な土地、まっ平らな土地、あるいは単調で急な下り坂などには、吉地はおそらく見つからないだろうということである。

男性的な土地と女性的な土地

第三の法則は、男性的な土地と女性的な土地との区別をよく観察することである。いきなりぐんと高くなるようなところは男性的な土地と呼ばれ、いっぽう、平らではないが穏やかに波打っているようなところは女性的な土地と呼ばれる。男性的な特徴が優勢な土地では、吉地は、目に見えるにせよ羅盤で示されるにせよ、女性的な特徴をもったスポットの上にある。ひろく女性的な土地として分類される地方においても、墓地や宅地は、そこを支配する男性的な原理の特徴を具えていなければならない。しかしもっともめでたい前兆を示すのは、男性から女性へ、あるいは女性から男性へという移行点である。その移行点では、風水書が述べているように、五分の三が男性的な特徴をもち五分の二が女性的な特徴をもつといった、適切な比率を羅盤が示していなければならない。もし女性的な指標が男性的な指標を超えているならば、そこには有害な影響が及ぼされ、ほかのすべての好ましい地勢を帳消しにしてしまうのである。

最後に、墓地としてえらぶ場所は、いま述べた法則すべてに注意しさえすれば、いつも乾燥しているだろうし、白蟻の害も避けられるだろう。白蟻というやつは、生者にも死者にもまことに恐るべきものなのである。

以上は一般的な原理にすぎない。その応用については、以下に詳しく述べる次第であるが、まずは、「気」と自然の諸形態との数的比率を示すものとしての羅盤について語ることとしよう。

第三章　羅盤の読みかた

天地の数的原理

さて次に、風水の体系における第二のカテゴリーである「数《すう》」、すなわち自然の数的比率を考察することにしよう。

天空を観察していると、夜と昼との不変の交替やら、天体の数と分布やら、ともあれ日月星辰がそれぞれ迅速な軌道に沿って動きつづけている。それらは、じつに多様でありながら、調和したまとまりをなしている。中国古代の観測者は、この壮大な天の機構の基礎には数的な原理があること、すなわちすべての天体は一定の数的比率のもとに存在しかつ動いていることに、大きな感銘を受けた。

また、この大地をながめると、ここにもまた同じような数的秩序がくり返されていることに気づいた。大地では、春夏秋冬はもとより、成長と枯死、生と死が絶えまなくめぐっているのだが、その大地は天の反映であり、天空に霊妙に描きだされた理想的な数的ことがらの、大ざっぱな物質的具体化にすぎないということにも気づいていた。

八卦ダイアグラム

ところで、天と地とをつなぎとめるこの数的比率の機構を図式化し計測するにあたって、中国古代の聖賢は、ある種の線図《ダイアグラム》を考案した。そのダイアグラムについては、毛髪の巻き具合によってできた円とダイアグラムによる、天地についての壮大な構想を幾何学的に示した図を背に乗せた龍が川から出現したのを見たという、伏羲《ふくぎ》の物語があるが、(1)私はそんな伝説はまったく信用しない。しかし、中国のはるか上古に、ある種のダイアグラムが宇宙の数的比率を説明するのに使われたという事実は、否定しがたいように思われる。最初にそのダイアグラムの構想を考えだしたのがだれであろうと、またその人物が自分の頭で考えついたのか、あるいは亀の背中に描かれたこんがらがった線をたどって考えついたものなのかは問題ではない。二千年以上もまえに、中国人はこのダイアグラムの構想をもち、使っていたのだ。そしてそれは、今日まで無知で迷信的な人びとにも神聖な効能をもつまじないとして使われ、家の入口などにあまねく掛けられているものと本質的に同じものなのである。八本の線で一セットとなるダイアグラムが、統合的あるいは分析的にいって、本来どのように組み立てられていたかはともかくとして、その発端は、次のように説明されている。

陽の原理は、一本の線で表わされ［陽爻《こう》］、陰の原理は、その一本の線を分割した線で表わされる［陰爻］。かくして、この二種の線の組みあわせにより、まず次の四つのダイアグラムが得られる。

(一) ⚌ 二本の陽爻は偉大な陽の原理を表わす［老陽］。

(二) ⚏ 二本の陰爻は偉大な陰の原理を表わす［老陰］。

(三) ⚎ 陰爻と陽爻の組みあわせは、弱い陽の原理と呼ばれる［少陽］。

(四) ⚍ 陽爻と陰爻の組みあわせは、弱い陰の原理と呼ばれる(2)［少陰］。

老陽のダイアグラムは、太陽・熱・知性・目などのシンボルであった。老陰のダイアグラムは、惑星・夜・身体・口などのシンボルと考えられた。いっぽう、少陽のダイアグラムは、月・寒冷・情熱・耳などを表わし、少陰のダイアグラムは、恒星・昼光・形・鼻を表わした。

さらにこれら四つのダイアグラムを可能なあらゆる形に結びつけると、もう一セットの八つの記号すなわち八卦《はっか》ができる。それは以上の四つのダイアグラムによって幾何学的に構成されるが、その本来の説明は、自然を構成する要素に関する、いままでは廃れてしまった見解に基づいていたと思われる。

私は、一度ならず、いまでも中国で流布している五行（金・木・水・火・土）図を見たことがある。八卦ダイアグラムが考案されたころには、この五行図もかなり異なったものが流行していたようである。中国人は、そのころは、六つの要素を考えていたにちがいない。すなわち雷・風・火・海・水・山である。

八卦の原理

いずれにせよ、中国人の最古の古典の一つである『易経《えききょう》』は、この八卦ダイアグラムを次のように説明している。

㈠三本の陽爻は偉大な男性原理を表わして天に相当し［乾《けん》］、また南を示す。

㈡三本の陰爻は偉大な女性原理を表わして地に相当し［坤《こん》］、北を示す。

次に、私の理解するところでは、自然の六要素の意味は次のようなものである。

㈢東方の二本の陽爻で一本の陰爻を挟んだもの［離《り》］は火を意味する。というのは、『易経』によれば、あらゆるものを乾かす場合に、火ほど干涸びさせるものはないからである。

㈣　西方の二本の陰爻で一本の陽爻を挟んだもの［坎《かん》］は水を表わす。というのは、無数のものを湿らせるには、水ほど水分の多いものはないからである。

㈤　南西の二本の陽爻とその下の一本の陰爻［巽《そん》］は風を表わす。というのは、無数のものをぐるぐるまわす場合、風ほど有効なものはないからである。

㈥　北東の二本の陰爻とその下の陽爻［震］は雷にあたる。というのは、無数のものを動揺させるには、雷ほどすばやいものはないからである。

㈦　南東の一本の陽爻とその下の二本の陰爻［兌《だ》］は、蒸気あるいは海を表わす。というのは、無数のものを満たすには、海ほどのものはないからである。

㈧　北西の一本の陽爻とその下の二本の陰爻［艮《ごん》］は山を意味する。というのは、無数のものを締めくくり、また開始させるには、山ほど完全なものはないからである。

『易経』は、このように述べてから、水と火が追いかけっこをしたり混じりあったりし、雷と風があい対立せず、山と海に同じ気が浸透すると、自然はその姿を変え、無数のものを仕上げて完全にすることができる、とつけ加えている。(3)

八卦の応用

空想や想像をさらに逞しくすれば、これらの八卦図は、すでに見たように、羅盤の八方と対応を示しているだけでなく、八つの季節にも対応している。[4]八種の異なる動物のセットとさえ、この八卦図は対応するようになっており、乾の卦は馬の力を表わし、坤の卦は牡牛の温和《おとな》しさを表わし、巽の卦は鶏のように楽しく、坎の卦は豚のように下劣で、離の卦は雉のように鋭く、震の卦は龍のように影響力があり、兌の卦は小羊のように楽しく、艮の卦は犬のように忠実である、といわれる。[5]

六十四卦

自然の無数の変化や順列を説明するには、これらの八卦図をすべて相互に掛け、可能な結びつきをつくってみることだ。こうすれば、さらに六十四卦のダイアグラムができる。[6]そのそれぞれに、特別な名前、特別な意味、特別な超自然的な力が与えられる。けれども伏羲によるといわれている元来の体系のこのような発展は、基本的な八卦図の異なった配列に基づいているにすぎない。

伏羲の体系が南に配当した乾は、いまでは北西に配当され、いっぽう離は、古い体系では東に配当されていたのに、いまでは南に配当されている。同様に、かつては北坤は、いまでは南西に移されていて、北にはかつて西を支配していた坎は北、震は東、離は南、兌は西に配当されている。したがって八卦図の新しい配置では、北東は艮が占め、南東は巽が占め、坤は南西に、乾は北西にそれぞれ配当される。

八卦図のこの新しい配列と、とりわけその六十四の新たなダイアグラムへの発展は、周王朝の創設者として名高い文王によるものといわれている。(7) 彼は、孤独に閉じこもっていた一時期、これらの八卦図に基づき、長短の藁《わら》をあれこれと並べ替えて楽しんだのだった。そのさまざまな組みあわせは、陽と陰の原理によって覆われている天地の全機構を表わしているはずだったからである。

私たちは容易に信じることができるのだが、中国人が、この空想的な理論の発案者を探しまわったとしても、世界から隔絶された人物、あるいは孤独な隠遁によって頭脳を病んだ人物のほかには、これほど巧妙かつおどろくほど空想的な体系を考えつくことはできなかったであろう。ただし、その体系は自然についてのあらゆる実際的な観察をまったく欠いていたのである。

十干と十二支

自然の観察によって確かめられる事実、およびその事実と直接むすびつく実地の応用という面での欠如は、中国人ももちろん、次第に気づいてはいた。それだけに、天文学の知識やその他の自然学の分野はいっそう進歩した。

地上の六要素という古びてしまった理論に基づく古代のダイアグラムの体系は、五惑星の影響を少しも認めていなかったが、やがて五惑星は、後代になると、人類の運命にもっとも重大な影響を及ぼすと考えられるようになったのである。孔子の時代でも、この五惑星は知られていなかったと思われる。中国の古典にはこれら五惑星についての記述はまったくないからだ。(8)

宋代の思想家たちは、古代の体系が新しい天文学についての彼らの見解と衝突したのにもかかわらず、古い聖なる残滓にたいする尊敬があまりにも強かったので、古代の体系を捨てきれず、古代のダイアグラムも捨てなかった。とはいえ、五惑星(金星・木星・水星・火星・土星)とそれに対応する地上の五行(金・木・水・火・土)は、生命についての偉大な謎への根源的な解決を秘めているという観念に基づいて、それを一つの体系にまとめあげたのである。

宋代の思想家たちは、これら五惑星を中心に置いた。これを基盤として、宇宙の数的比率を捜し求め、すべての天体と天のあらゆる力および影響とは、十進法によって配置されているのだと考えた。

それから彼らは、天ではなくもっぱら地についての古代の六要素を用いて、地上のあらゆる構成物と地上のあらゆる関係は、十二進法に基づくのだという結論に達した。古代の六種の要素は、例の四象と八卦という構想のなかにおのずから組みこまれているので、この四象と八卦を地上の事象に限って適用したのである。

こうして彼らは天のさまざまな謎を説明すべく、十個の象徴的な記号からなるグループを考案し、それを十干と呼んだ(9)。

次いで、一連の十二の象徴的記号を考え出し、大地に関係するすべての問題を解決する数字的鍵とし、それを十二支と呼んだ(10)。さらに、十干と十二支の双方において偶数と奇数を区別した。『易経』で定められた規則にしたがい、奇数すべては、自然における陽の原理を指し、偶数すべては、自然における陰の原理を指すのだというわけである(11)。さらに、古代の規則を借用したのと同様に、十干を二つずつ五組に分けたが、それぞれの組を、五行の一つだけでなく五惑星の一つにも対応するようにした。[12]十二支は、前述の十二宮や羅盤における十二方位および一日を十二等分した時間の単位(それぞれが二時間になる)を意味するものとした。[13]さらに、この二つの系列を結びつけ、十二支の最初の記号［子］と十干の最初の記号［甲］とを合わせ、次にそれぞれの第二の記号を合わせ、というふうにして、十干を六回、十二支を五回くり返し、六十で一周する記号のセットをつくった。[14]このセットは、連続する日や年を表わすのに用いられる。これをさらに六倍すると黄道の三六〇度ができたのだった。

羅盤のあらまし

さてここに複雑な一連の対数式がある。それは、中国人が宇宙にあるとした数的比率のすべてを要約すべく巧みにデザインされたものであるが、ごくふつうの知性のもち主を当惑させるに足るものであり、また、無知な民衆をその神秘によってこわがらせるに足るものである。その種の体系を巧みに、また創造的に操ることは、当然のこととして、ある人間に迷信的な民衆をたぶらかすことを可能にする。その結果として、中国のさまざまな占術(占星術《アストロロジー》・風水術・天宮占星術《ホロスコーピー》・骨相学・手相見など)はすべて、この数字体系に基づくものとなった。

本書で関係のあるのは風水だけなので、風水についてだけ述べるなら、前述のダイアグラムすべてとそれをめぐる一連の計算は、羅盤という形態のなかに、実用的かつ手近《ハンディ》に組みこまれているのだ。つまり、磁針を中心として、盤上のたくさんの同心円には計算に必要なあらゆるダイアグラムや周期的に循環する記号が書きこまれ、そのさまざまな組みあわせによって計算が成りたつのである。

磁針の使用は、中国人が地磁気についての何らかの経験的な知識をもっていたのではないかということを示唆している。現代の欧米の気象学者が注意ぶかく観測している、地殻を流れる地磁気の、偏差や傾きや強度などを観察するために、中国人は磁針を使っていたのではなかろうか。(15) しかし残念ながら、自由に動くよう支えた磁針がそのような効用をもっているという事実については、私自身これっぽちの経験的知識すらもちあわせていないこと、告白せざるをえない。

天体の影響

羅盤に描かれた同心円(16)のもっとも外側の円（XVIII）をまず取りあげよう。この円は大きさの違う二十八の部分に分割され、それぞれに、月が黄道に沿って軌道を進むときに通過する二十八宿の名前と、それぞれの星宿が占める角度の数値が書きこまれている。(17)それゆえ、この円は月の軌道を表わしており、その役目は、月の影響を一般的に決定するだけでなく、それぞれの特定の星宿が特定のどの場所にどんな影響を及ぼすかをも決定する。中国の暦ならどれにも、それぞれの星宿にあるとされる風水的な親和性を詳細に列挙した二十八宿の表が載っているが、ここでは、それらのうち十五が凶で十三が吉と考えられているといえば、十分であろう。

とはいえ、風水師にとっては、あらゆる場所への月の影響の吉凶を完全かつ正確に決定するためには、次の円(XVII)が必要となる。この円も黄道を表わしてはいるが、三六〇度に分割され、そのなかのいくつかに吉としるされている。(18)

いっぽう、次の円(XVI)上には、三六六度に分割され、一欄おきに奇数がしるされているが、(19)XVIIの円の二十八宿にも対応させているので、風水師は、ほんのちょっとの土地についても、一年のいかなる日付についても、そこを支配しているのが陰か陽かを発言できるのである。というのは、奇数は陽であり、偶数(左の空欄)は陰だからである。

地上の要素

さらに中心へ進んで次の円（XV）は、六十の部分に分割され、五行の、金・木・水・火・土と五惑星との関連における影響を示すものである。五行のそれぞれは通常とは異なる順序で円上に並んでおり、破壊しあったかと思うと、無視しあい、やがてまた生み出しあうなどをくり返す。それぞれの要素は十二回ずつ出てくるが、木が左右を火に挟まれているところでは、二十八宿のひとつ斗宿（射手座の肩と弓から成る六星）の第十度と第十一度に対応する二度を占めている。[20]

特定の場所について占う風水家は、こうして、どの惑星がその地点に影響を与えているかということばかりでなく、そこを支配している地上の五行要素が、左右の隣接する場所を支配する五行要素と調和しているかどうかをも述べることができるようになる。たとえば、羅盤が、ある場所について火星の影響下にあることを示したとする。しかり、対応する地上の五行は火である。もし羅盤が左側に木、右側に水を指したとすれば、縁起は凶である。なぜなら、水は火を滅ぼし、火は木を滅ぼすからだ。しかし、羅盤が火の左に土を、右に木を指したとする。これなら、吉のつながりになる。

なぜなら、木は火を生み出し、火は土を生み出すからだ。とはいえ、五行はところどころで互いに無関係な順序に並び、相生も相剋もしないことがある。これまた同様に吉の並びかただとされている。

次の円（XIV）は六十に分割された記号による二つの同心円でできている。記号の内側の並びで十干による十二のグループができ、それぞれの記号が同時に五行のいずれか、および偶数（陰）あるいは奇数（陽）のいずれかを意味するように配列されている。[21] 五行（あるいは惑星）の十二のグループのそれぞれが、木（つまり木星）ではじまり、交互に、今度は一番（陽）それから二番（陰）となる。十二番目のグループだけが火（つまり火星）ではじまり、そして三番（陽）が例外となる。十二のグループのうち八グループは、五行（あるいは惑星）が生み出す完全な順序（木・火・土・金・水）となっている。[22] のこりの五グループには、それぞれ五行のうちの四つの要素だけ（あるいは惑星）が含まれている。これらのうち三グループは、相生の順序にしたがってペアになっている。二グループだけは相生のペア一つと相剋のペア一つということになっている。十干に対応する十二の区画に分割され、十干五つごとに十二宮の一つを五回くり返す。その結果、この円の十二の区分のそれぞれの外側の並びには、内側の五行（あるいは惑星）と関連する十二宮の一つが含まれる。しかしいずれの場合も、五行（あるいは惑星）の並びかたと相互の関係は異なっている。

さらに中心へ進み、六十に分割された次の円（XIII）には、四十八の記号があり、それぞれがすでに述べた文王のかの有名な六十四卦の異なる象徴となる。[23] しかし、この四十八卦のなかには、八卦をつくることになる土・海・火・雷・風・山もあり、それらは異なる場所に二回ずつ出てくる。ほかの六つは、八卦には属さず、それぞれ並んで二回ずつ現われる。風水師は、これら四十八のダイアグラムを説明すべく、どんな暦にも見える表に頼るが、暦にはこれらのダイアグラムが必ず載っていて、風水師にとっての吉凶の日を明示しているからである。

次の円（XII）は二十四に区分され、それぞれがさらに五つの小区画に分かれている。その二十四の区分それぞれの二番目と四番目の小区画には、二重の記号の列が書きこまれている。記号の内側の列では、交互に、火を表わす十干のシンボル丙丁（これはまた三（陽）と四（陰）の数を意味する）、金を表わす庚辛（つまり七（陽）と八（陰））が書きこまれ、それぞれの区分で二度ずつくり返される。つまり、丙丁・丙丁、庚辛・庚辛となる。これに対応する外側の列には、十二支あるいは十二宮が十二の区分の上述の下にしるされており、それぞれの区分では一つの宮が同じ記号で四回ずつくり返す。それゆえこの円の役割は、十二宮と火か金か（火星か金星か）を、一定の陽ないし陰の数とも結びつけるように、順ぐりに結びつけることである。

次の円（XI）は中心から数えてVIIIと同じであるが、ただそれらに書きこまれた記号は、たとえば真北を示す象徴が、さきの円では真北を通る線の左側に、あとの円では右側に並べられているだけである。さて、二十四に区分されたこれらの円の両方に十二支と十干が交互に書きこまれる（しかし十干のうち土を示す戊と己は除かれる）。いっぽう、これらの記号の五個ずつのうしろに、八卦のなかで天・地・山・風を示す四つの卦が挿入される。(24) それゆえ、この円は羅盤の十二の方位を、同時に五行のうちの木・火・金・水を木星・火星・金星・水星の四惑星および四つの地相的原理である天・地・山・風に結びつけているのである。

地相術の核心

次の円（X）は、羅盤のさらに細かい区分を示す。これは六十に分割されているが、そこには羅盤の方位だけでなく、前述の十干と四つの地相的原理の方位も書き込まれ

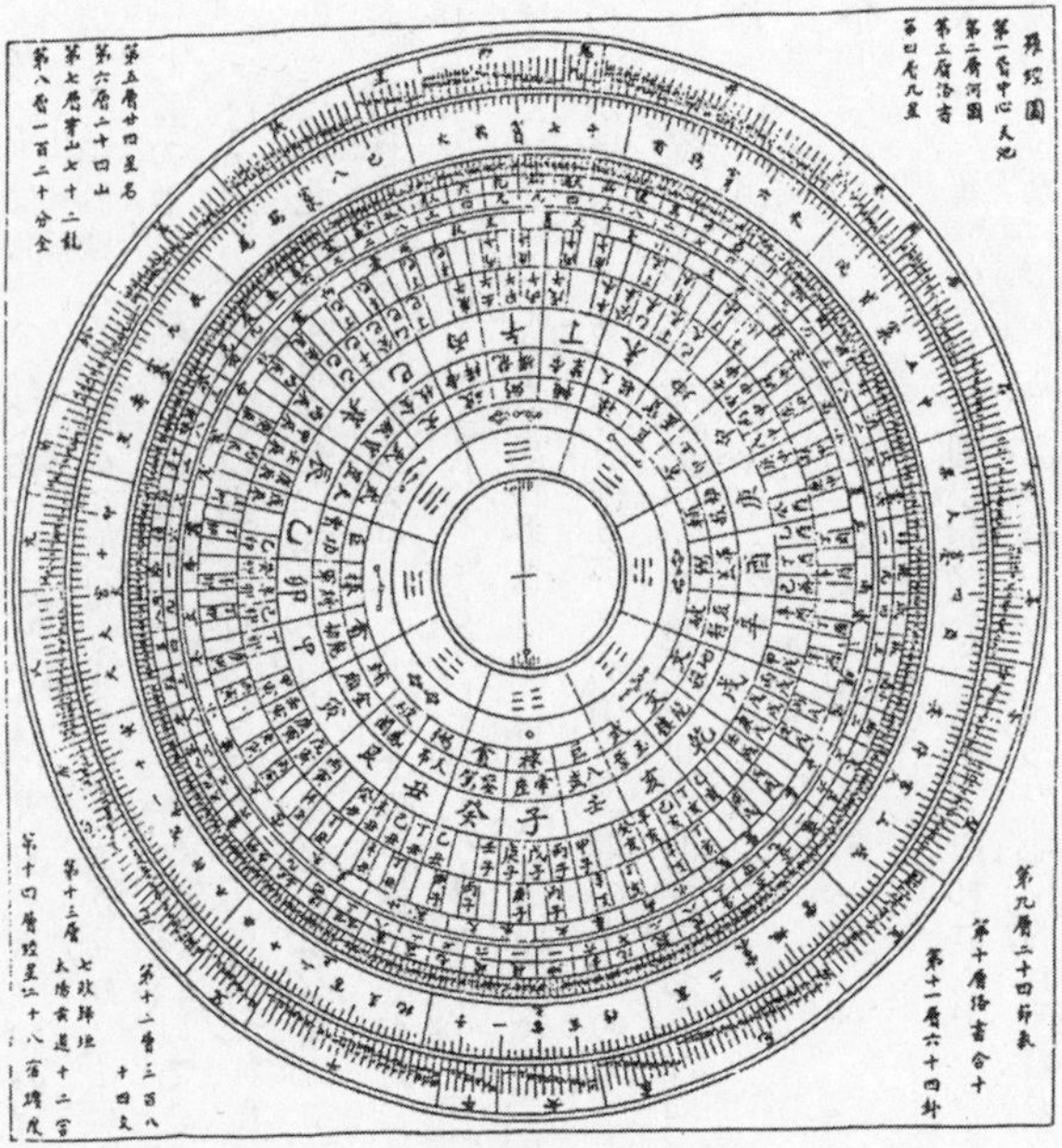
羅經圖
第一層中心天池
第二層河圖
第三層洛書
第四層九星
第五層廿四星名
第六層二十四山
第七層穿山七十二龍
第八層一百二十分金
第九層二十四節氣
第十層洛書合十
第十一層六十四卦
第十二層三百八十四爻
第十三層 七政拜垣 太陽黄道十二宮
第十四層經星二十八宿躔度

羅経（羅盤）図

ている。たとえば、東から南までは次のように書かれている。東には、七（金）・三（火）・三（火）・七（金）、二（木）・五（土）・五（土）。東南東（四分の三東）には、七（金）・三（火）・三（火）・七（金）・風・五（土）・五（土）。南南東（四分の三東）には、七（金）・三（火）・三（火）・七（金）・火。五（土）・五（土）。南には、七・三・五の数字はもちろん十の分数で、つまり羅盤の下位区分となる。[25] たとえば、七（金）・三（火）は、羅盤のこの下位区分の十分の七が金によって支配され、同じ広さの十分の三が火に支配されていることを意味するわけである。

この円と対応するのは、同様に六十区分で、二列の同心円の記号の列からなる次の円（IX）である。記号を書きこんだこの円は、前記XIVの円、また中心から数えてVとまったく同じである。ただこれら三つの円の書きこみだけが違った位置にあり、それでたとえばXIVの円（内側の列）の最初の記号はほぼ東であり、Vの円の最初の記号はほぼ東南東であり、いっぽうIXの円の最初の記号はその中間にあるというぐあいだ。

次の円（VIII）は、記号の位置以外すべてXIに同じであるが、それぞれの象徴の影響がよりはっきりする線を描くことによってその円を補強している。

次の円（VII）はVIIIやXIのように二十四に区分される。それぞれの区分は、二十四の太陽周期の分点に太陽が入る日に対応する二十四節気の一つを表わしている。[26]それゆえ、この円はミニアチュアのカレンダーで、その用途は、それぞれの場所で家を建てたり墓をつくったりする季節を決定する。とはいえ、この二十四節気は太陽の影響下にあるばかりでなく、五行と五惑星の影響下にもあるので、次の二つの円が、五行と五惑星が一年の二十四節気に及ぼす影響を示すことになる。

星との対応

それら二つの円のうちVIは、十二支の一つと火（火星）と金（金星）とをそれぞれの節気と関係づける。けれども次のVは、この二つだけでなく、十二支に加えて、すべての五行と五惑星とを二十四節気と関係づける。この円は十二の区分に分けられ、それぞれの区分のあいだに空白のスペースがある。そしてそれぞれの区分には、外側の列には五回ずつくり返される十二支の一つがあり、いっぽう内側の列の対応する部分には十干のうちの五つが書きこまれている。しかし、この十干は十二組に並べられ、偶数と奇数、あるいは五行と五惑星と、交互に結びつけている。

次の円（Ⅳ）は二十四に分割され、次のものが書きこまれている。㈠十二支、格別に吉兆だとして赤で書かれている奇数に対応し、星座では、牡羊座と双子座（西の白虎を表わす）、獅子座（東の青龍を表わす）、天秤座、射手座、水瓶座。㈡十干のうちの八つ、すなわち水を表わす壬癸、木を表わす甲乙、火の丙丁、金の庚辛。㈢八卦に属する四つの象徴、すなわち天（朱で記入）・地（朱で記入）・風、水。(27)この円は本質的にはⅧやⅪと同じだが、その同一性はスペースの幅と字の大きさでいっそう際立つようになっている。これら三つの円の唯一の相違は、文字記号がべつべつに置かれているので、それぞれの象徴の影響がおよぶ正確な線をさらにはっきり示していることである。

次の円（Ⅲ）は十二支と北斗の九星とを結びつける。九星はここでは二十四の区画に並べられ、破軍星・武曲星・文曲星・廉貞星がそれぞれ四回、貪狼星・禄存星・巨門星がそれぞれ二回、輔星と弼星がそれぞれ一回だけ出現する。(28)

次の円（Ⅱ）は二十四に分割されているが、一つおきに空白になっていて、次のものがしるされる。㈠乾・坤・艮・坎の卦、㈡十干のうちの八つのペア、そのそれぞれの記号は異なる数・五行・惑星を指している。その順序は次のようである。巽

トマス・アローム　浙江省の富春江ぞいの山

（風）・乙（木の弟《と》）・丙（火の兄《え》）・巽・戊（土の兄）・己（土の弟）・丁（火の弟）・庚（金の兄）・戊・己・乾・辛（金の弟）・壬（水の兄）・艮・癸（水の弟）・甲（木の兄）・艮[29]。ここに述べた五行（惑星）の四ペアは、それぞれのペアが偶数（陰）と奇数（陽）を含み、相生の順序で並べられているということに気づくであろう。

もっとも内側の円は八区画に分かれ、八卦図を示している。

神秘の羅盤

さて、もちろんのことだが、どんな場所であっても、羅盤をのぞくときは、上記の十八の円の一つを見るのではなく、そのすべてを見るのであり、それは、その場所の吉凶を決定するにあたって何らかのデータを得るためになされるのである。

その結果は、当然のこととして、どの場所についても、呆れるほどたくさんの結合を列挙することができるので、羅盤というものは超自然的な英知の神秘的な集まりだという確信を素人に植えつけることになるであろう。そしてそれは、まことに巧みな発明であり、天文学のきわめて基礎的な知識を高度に活用していることを認めなければならないであろう。

というのは、それは、一つの明快な配列のなかに、中国の自然学におけるさまざまな原理すべてを包含しているからである。すなわち、陽と陰、八卦図、六十四卦図、太陽の軌道、月の黄道、三六〇度の黄経、一年の日数、さらには五惑星・五行・二十八宿・十二宮・北斗九星・二十四節気・十二方位など。

いかさまの羅盤

ふつうの人びとはこうした用語すべてをことばとしては知っているが、意味はチンプンカンプンであった。そこでこうしたことばをある種の畏怖をもってながめ、何か神秘的な魔術的な影響をおよぼすものと思いこんだのである。かくして風水師は、この偏見をうまく利用した。すなわち、一般人にはほとんどわけが分からないこの羅盤を携えてきて、人びとを煙に巻く業界用語をまくしたてて当該する場所についての判断を述べる。すると、その黙示録ふうの発言は、この体系をあまり信じていないところにおいてさえ、迷信的な恐怖を伴って受け入れられることになるのだ(30)。

風水師みずからはといえば、彼の予言がすべて当てずっぽうで、仕事をしているあいだに掻き集めた経験だけに基づいていることをよく知っている。しかしまた彼は、ほかならぬ彼の予言が吹きこんだ恐怖の結果として、その予言が実現することがあるとも知っている。もっとも、彼の予言は、実際のできごとによって反証されることのほうが多いにもかかわらず、彼は、この羅盤こそが、結局のところ大金を生み出すことにホクホクしているのだ。そうでなくとも、雇い主のいいなりになっていれば、大金は確実に彼のふところにザクザクはいってくることになっているのだった。

第四章　「気」の吉と凶

自然の呼吸

ここからは、風水の体系の第三部である自然の呼吸（「気」）の教理に進もう。すでに述べたように、中国の観察者は、自然を呼吸している生命体だと考えた。それゆえ、中国人が大まじめに自然の呼吸について論じているのに出くわしても、びっくりすることはない。実際のところ、ひろがる「気」ともどる「気」の区別によって、彼らはほとんどすべての自然現象を説明する。天と地のあいだには、自然のこの「気」ほど重要で、また全能かつ遍在しているものはない。それは茎や繊維の一本一本にももぐりこみ、それをとおして、天と地や、すべての生物が生き、動き、かつ存在する。実際のところ、自然の「気」は、まさに陽の原理と陰の原理の霊的エネルギーなのである。

かくして、原初においては、「気」の変身を凝固させることは、無から陽への変化であり、「気」の変身を枯渇させることは、陰の存在から非存在への変化である。それゆえ、原初にこれら陰陽の二つの原理がはじめて「太極」から生まれたとき、まず「気」が流れ出たのであった。しかしはじめのうちは、自然の呼吸は混乱し混沌としていた。それでしばらくのあいだは、天と地は分離していなかった。しかし「気」が回復し、呼気と吸気が規則的に連続するようになると、天と地、陽と陰とが分かれ、自然界のすべてが適切な秩序をもって生み出されたのである。

いまでも「気」が前進あるいは拡大するときはいつでも、かたちをなしていない胎児のようなものがつくり出され、これが未来に発展する胚種にも似た出発点となる。この無形の起源は、軽くかつ純粋であるが、一定のかたちをなしておらず、陽に属する。これを、自然の上位原理と呼んでもよいかもしれない。

しかし一定のかたちをなすようになると、はっきりと目に見えるようになり、きちんとしたもののすがたを形成し、本体・色・形態・性格を表わすようになる。これは、人間の感覚にとって、重さもあり、粗くザラザラしているので、認知することができる。陰に属しているので、下位原理と呼んでもよいであろう。いい換えれば、規則的につづく呼気と吸気とは、物質界における成長と衰退、生と死の、絶えざる継続の条件なのである。

「気」と死

とはいえ、自然における二つの「気」は、本質的にはただ一つの「気」である。陽と陰とは結びついて、万物の出発点となる。それらが、分散すると、衰退や分解や死を招く。陰陽は、ときどき分散してはまた結合する。かくして、終末の後にはまた開始があり、再生の原理ともなって、途切れることなく自然を貫きつづいてゆく。人間に浸透する「気」についても自然のエネルギーは、また時あって使い果たされ、それゆえに死は、だれしも避けられぬものとなった。人が死ぬと、その魄《はく》の粗い部分は下降して土にもどるが、霊的自然のより細緻な部分は分散して世界中にひろがり、雲あるいは時あって目に見える鬼火（ignes fatui）の光に、あるいは、芳しい気体になる。その気体は、だれにもわからないままに人間の感覚に影響を与え、もの憂くて、悲しい、落ち込んだ感じを引きおこすのである。

自然の六つの「気」

さて、この自然の「気」は、一定の持続的な拍動、すなわち拡張と収縮のとどまることのない交替を伴いつつ、大気を六通りものさまざまな状態として示す。寒さ・暑さ・乾燥・湿気・風・火といった状態がそれである。これを、自然の六つの「気」と呼ぶことがある。この六つの「気」は、五惑星と五行の影響のもとで二十四の節気を生み出した。二十四の「節気」と呼ばれるのは、そのためである。

「気」は五行の木と結びつき、木星に導かれて雨を生み出す。また、金と結びつけば、金星に支配されて好天を生み出す。火と結びつけば、火星の影響を受けて暑さを生み出すし、水に支えられれば、水星に支配されて寒さを生み出し、土に助けられれば、土星の影響を受けて風を引き起こす。これが中国気象学の全体系である。

しかし、ここに疑問が生ずる。自然の「気」の一般的作用は別にして、どんな地点においても、そこに吉の「気」あるいは凶の「気」がある、あるいは何らかの「気」があるなどと、いかにして決めることができるのか、という疑問である。

青龍と白虎

ここでもやはり、風水の体系は青龍と白虎というシンボルを利用する。大地の表面は天の形状や力や影響などのぼんやりした鏡にすぎず、それゆえ天の星座すべては、地上にその片割れをもっていることは、すでに述べた。

私たちはまた、星をちりばめた天空の四分円の、東方の一つ、すなわち見る人の左側にある四分円は、七星宿の影響を具象化した青龍によって支配されているということも知っている。西方の、見る人の右手にある四分円にも七星宿があって、白虎として表わされている。それゆえ青龍と白虎は、天空の東方（陽）の区画と西方（陰）の区画の精妙な影響としての生き生きとした「気」を示すシンボルにほかならない。「気」が脈打っているところならどこでも、地上のどこかに土の盛りあがりが見えるであろう。「気」が地殻を通り抜けているところでは、いわば静脈や動脈にあたる地脈をたどることができるであろう。とはいえ、「気」には陽と陰、プラスとマイナス、拡大と復帰といった二種があり、現代流にいえば、二種類の磁気の流れのようなものがある。それを、中国ふうにいえば、青龍と白虎ということになるのである。本物の龍のいるところには虎もいるだろう。この両者は、曲がりくねって走る山や丘の輪郭をたどると、それとわかるはずである。のみならず、龍の胴体や四肢、いや、龍の心臓からさえも、山の尾根や連なりといったかたちで走る静脈や動脈がわかるにちがいない。それゆえ、龍の腰のあたりに生きた「気」が堆積されているということになっているのだが、いっぽう身体の末端の近くでは、「気」のエネルギーは使い果たされてしまいがちである。二十里、つまり六マイルも離れると、この気は弱くなり無効になるといわれている。もっとも、龍の心臓の近くでも、「気」は、丘や山で取り巻いて漏れないようにしなければ、拡散してしまうであろう。「気」がたっぷりあっても、肝心のスポットの正面がひろく開いており、四方から風が入るようでは、何の得にもならない。「気」がその効力を発揮しないうちに、風に蹴散らされてしまうからである。また丘が側面にあり、その丘によって「気」が散らないようになっていたとしても、近くにまっすぐの急流が走っていたとすれば、そこでもまた「気」が効果的に役立たないうちに散らされてしまう。「気」がたっぷりと保持される場所、あるいは、右も左もふさがれ、曲がりくねった水路がある場所にのみ、「気」を永遠に補給するための最良の手がかりがあるのだ。そうした場所にこそ墓や家をつくれば、子孫繁栄や富や名誉はまちがいなし、ということになるであろう。

龍の血脈のはっきりした手がかりが見つからない疑わしい土地にぶつかったときには、もっとも隔絶した引っこんだ隅を探すのが最良だと、いわれている。引っこんだところでは、虎や龍がきっちりと絡みあっているため、そこに「気」がたっぷりと集中するからである。もし龍も虎もその輪郭が完全に描き出されているような場所に土地が見つかったとすれば、龍と虎がつながったところの近くに小さな凹地か土盛りといった、要するに、陽から陰へ、あるいは陰から陽へといきなり移行する場所を探すべきである。なぜなら、龍の本体とそのまわりの丘は、常に、吉地がえらばれるまさにその地点まで、陽と陰の双方の特徴を示しているはずだからである。

凶の「気」の手がかり

私はこれまで、自然のもつ本来の有用な「気」についてのみ述べてきた。しかし「気」には、命にかかわるような有毒の呼気もある。そこで、墓や家を建てる場所が将来の世代にまでわたって死や災厄を伴うのであれば、そのことを指摘して警告しなければならない。それもまた、風水の体系の利点とされているものの一つである。

外観はすべてすぐれた龍の土地だと見え、凶の兆候がまったく見えないにもかかわらず、そこに墓や住居の用地をえらぼうとする一家に、予想だにしない災厄やめちゃくちゃな荒廃をもたらすことが、しばしばあるといわれている。そんな場合には、惑星の影響や五行の不調和を示すことによって、有毒な「気」の存在を示唆するのは、まさしく羅盤しかないのである。

とはいえ、有毒な「気」の存在は、おおむね、外面的な手がかりが示してくれるはずである。丘や山がいきなり地面から立ちあがったり、急な傾斜でそびえ立ったり、あるいは緩やかな斜面がなく極端にごつごつしていたりするところには、きまって、危険な「気」があるものだ。

一般的には、直線というものは凶の兆候である。[1]とりわけ選定した用地に向かって直線が走っているのは凶である。たとえ左の龍と右の虎がそれぞれほどよく弓なりに曲がっていたとしても、双方の脇から、弓につがえた矢のように尾根がまっすぐに走っていれば、それは、絶対に危険な地勢である。

あるいは、吉地を見つけたとしても、少し離れた反対側に直線的につらなる尾根あるいは分水嶺、あるいはまた線路の土盛りがあったとすれば、敷地の方向を指してはいなくとも、もしその前面を直線的に横切っていたとすれば、この線によって命にかかわる「気」が生じ、自分の幸運も子孫の幸運も、根こそぎ帳消しにしてしまうであろう。

尾根や山並が直線になっていれば凶運を生むと考えられているのと同じように、直線的に流れるクリークや運河、あるいは川もまた凶である。風水の体系における水は、常に富と豊かさの象徴とみなされている。水が直線的に流れるところでは、そこに住む人びとの財産が、水のように流され消されてしまうというわけである。曲がりくねった線こそが、有益な「気」の指標なのであり、生き生きとした「気」をその場所に留めておくのに役立つであろう。

凶の「気」の存在を知るもう一つの手がかりは、もし木や藪で覆われていなければの話だが、孤立した岩や玉石である。岩やばらばらの玉石の近くの墓について、風水師の教本には多くの実例が挙がっている。もし玉石が植物の茂みで遮られたり高い木で陰になっていたりすると、その墓は何世代にもわたって吉をもたらし、出世や名誉はもちろん、富・長寿・子宝などに恵まれることになるのである。しかし、時をへて、風水にたいする不信や貪欲が生じたり、あるいは、意地悪な敵の憎しみによってその木が伐り倒されたり玉石を遮っていた藪が伐り払われたりしたので、たちまち不名誉や不幸がある一家に降りかかった。その家族は地位も俸給も奪われ、富は飛散し、やがて子孫は、道端で乞食をしたあげく餓死したということである。

香港の凶の「気」

香港は、岩が多く丘の斜面には玉石が散らばっているところである。したがって、香港は凶の「気」でいっぱいだとされた。そこで中国人は、イギリス政庁がこうした凶兆を遮断するために丘のあちこちに熱心に木を植えたのは、たいへん賢明なことだと思った。

ところで香港がこうむる最悪の影響は、湾仔《ワンジャイ》の近くの丘のはずれにある奇妙な岩のせいなのである。それはクイーンズ＝ロード＝イーストからもはっきりと見え、ヨーロッパ人にはそれが、兄弟のアベルを殺すカインの姿に見える。いっぽう中国人には、悪女と呼んでいる女の姿に見えるとて、香港の不道徳すべて、太平山《タイピンシャン》の無法と悪徳すべては、その邪悪な岩が引きおこしていると、大まじめに信じている(2)。この確信は、香港の最下級の民衆にきわめて強く染みこんでいて、悪業でもうけた人はきまってこの岩を拝みにゆき、供物を並べ、お香を焚く。しかし、だれ一人としてこの岩を崩そうとするものはいない。私が分別のある連中からきいた話では、その岩を根元から切断しようとした何人かの石工が、手を着けたとたんに、いきなり死んでしまったとのことである。

凶の「気」の予防

さて、こうした凶の影響すべてにたいしては、直線的な丘や水流によるものであろうと、あるいは岩や玉石によるものであろうと、防御したり反撃したりすることが可能である。この種の有毒な呼気を遮断し吸収すべく最上の手段はといえば、住居の裏に木を植え、家の前に絶えず新鮮な水を供給するタンクか池をつくっておくことである。中国の南部では、どの村、どの集落でも、家の裏にちょっとした竹藪や林があり、家の前に池があるが、それは、こういう理由によるのである。

仏塔あるいは森のある丘も、同じ目的に役立つ。だから、広東のザ・ハイツは、五層の塔《パゴダ》をいただいているがゆえに凶の「気」を防ぎ、市の全部を守護していると考えられているのだ。(3)

凶の「気」を防ぐもう一つの工夫は、家の門の向かいに、陰陽のシンボルあるいは八卦を描いた楯か八角の板を置き、入口までの道を曲がりくねったものにすることである。(4)石彫の獅子あるいは焼きものの龍も似たような役目を果たし、建物の前や屋根の上に置かれることがある。(5)とはいえ、もっともすぐれた効果的な方法はといえば、風水師を雇って、その言にしたがい、十分な報酬を払ってやることにほかならないのだった。

第五章　自然の外観と風水

優雅な曲線

ここでは風水の体系における最後のカテゴリーである「形」、すなわち自然の輪郭と外観をめぐる教理をあつかうことになる。とはいえ、このカテゴリーは、これまでの各章で述べた一般的な法則や観念の実際的な応用であるにすぎないので、くだくだしく詳細にわたる必要はないだろう。

私はすでに、自然の「気」の存在を示す地面の盛り上がりについて、象徴的に龍や虎と呼ばれる「気」の陰陽の二つの流れ、あるいはプラスとマイナスのエネルギーとともに語ってきた。丘と山で示される龍と虎という二つの相関的な位置と地形は、大地の表面の輪郭と形態をめぐるもっとも重要な概念である。この相関的な位置、およびこれら二つの象徴的な要素のひろがりと方向を吉や凶にしたりする地形のすべてを列挙するつもりはない。それらが完全な馬蹄形になるとき、すなわち、ある地点ではじまる丘の二つの尾根が左右に優雅な曲線を描き、やがてそれらの端が緩やかに内側に向かい合うところが、もっとも吉の地勢になっている、というにとどめよう。丘や山のそうした地勢は、まことの龍の存在の確実な指標であり、さらに、もしほかの結合がそれを妨げなければ、龍と虎が左右に分かれる地点でえらび出した場所の影響は、このうえなく吉となるであろう。

自然の外形についての教理でもう一つの重要な要素は、水の流れの方向である。この点については、一度ならず軽く触れてきたが、主要な点は、直線的に流れたり鋭角的に曲がる水は、絶対に危険だということである。曲がりくねった水路は、吉地の存在を告げるもっとも勝れた予兆である。しかし、二つの水路の結びつきも、同様に見逃してはならない。この結びつきは、優雅な曲線を描いていなければならず、結びついた水の流れは、平地をあちこちで交差していなければならない。

山頂の形態と惑星

ここで注意すべきもう一つの問題は、丘の形態、とりわけ頂上の輪郭である。丘や山の頂上がいくつかの天体の具象化だとは、すでに述べた。それゆえ、風水師にとっての第一の要件は、いかなる山であろうとも、その山がいかなる星を表わしているかを一目でいいあてなければならない、ということだ。

惑星とその地上の片割れについて、その山が五惑星のどれにあたるかを定める規則は、きわめて単純である。もし頂上がまっすぐにそびえていて先端が尖っていれば、それは火星と一致し、とりもなおさず五行の火を表わすということになる。同じようなかたちの山の先端が欠けて平らになっていても、そこがかなり狭ければ、木星の化身で木を表わすといわれている。山頂がひろく平らになっていれば、土星を表わし土がそこに住んでいる。山がもしそびえていても、その頂きが穏やかに丸ければ、金星と呼ばれ、金を表わす。山頂が円天井の形をしていれば、水星を表わすものと考えられ、水がそこを支配しているのである(1)。

そこで、近くに山や丘がいくつかあるところでは、それぞれの山のシンボルとしての惑星や五行がうまく調和して穏やかに結びついているかどうかが、何よりも重要であること、いうまでもない。場所の吉凶というものは、そこに影響を与える惑星や五行が友好的であるかあるいは協力的であるか次第だからである。つまり、五行が相生の関係にあるか、あるいはまったく無関係であるかのどちらかでなければならない。

いま仮に木星に似ており、ために木を表わしている丘のすぐ近くに、火星の山容をもち火に該当する丘があるとしよう。これがおそるべき危険なつながりであること、明白であろう。たとえば、香港島の最高峰は、木星の輪郭をもち、木の影響下にある。

ところがこの峰の麓には太平山と呼ばれる丘があり、火星の輪郭をしており、火を表わしている。[2] さて、山と積み上げた木の下に火があるとしたら、その結果はどうなるか。しかり、香港における火事のあらかたが太平山地区でおこっているが、それは何もふしぎではないのだ。こんなことからも、どの山がどの惑星に属するかということばかりでなく、その山のシンボルとしての惑星や五行の相生・相剋の関係をも考察することが、もっとも大切なのだと理解できるであろう。

もっとわかりにくいのが、いわゆる北斗九星の見つけかたである。これらの九星は、奇抜な名前と恐るべき影響力をもっているのに、その特徴を示したり確認しやすくしたりするくっきりした輪郭がない。[3] したがって、主として羅盤の示すところにより識別するほかはないのである。

大ざっぱにいえば、観念を丘や山の輪郭と結びつけること——これがきわめて重要なのである。たとえば、丘のおおよその輪郭が幅広の寝椅子《カウチ》に似ているとしよう。息子や孫たちは、その影響によって大人にならないうちに無残な最期をとげることになろう。転覆したボートに似た山に家を建てるとしよう。娘たちは常に病気がちになり、息子たちは牢獄で過ごすことになるだろう。もし山の輪郭は鐘を連想させ、いっぽう

作者不明《ヴィクトリア市およびヴィクトリア・ピーク》(1855〜60ごろ)
香港芸術館蔵

山頂の輪郭は金星だとしたら、そのような山は、大熊座の七星に恐ろしい光を投げかけさせることになろう。すなわち、当人のみならずその家族のすべてに子供が授からなくなるのだ。もっとも危険なのは、籠・鋤先・馬の目・亀・テラス・草地のいずれかに似た丘である。

大地の表面の形や輪郭をめぐる規則は、まだまだたくさんある。しかし、風水体系の実用面での教えについてくっきりした観念を読者に提供するには、とりあえずは上述のことで十分であろう。

凶地の改善

危険を防止すべく大事なことが、まだ一つだけのこっている。それは、問題の場所の天然の地形を改善する技術である。天がその正義の企てを遂行するには、人間の助けが要るといわれている。地がその産物を完璧なものにするにも、人間の助けが要るであろう。天も地も、そのままでは完全ではない。仕上げの一筆を人間にのこしているのだ。というわけで、大地の表面の輪郭について、人間が積極的に介入する余地はおおいにあるのである。

五惑星と五行の影響はきわめて大きいが、それですべてではない。大地の天然の地形の影響は、人間の運命にたいする影響という点では強力そのものであるが、しかし、人間は天然の地形を変え、いかなる凶地をも改善することができるはずである。盛りあがりかたが足りないところなら、人間はそれをさらに高くすることができる。天然の水流が直線的で生命や財産にとって危険なところなら、人間はそれを取り除くか、吉地の方向へと曲げることもできる。火星と火を表わす山があるなら、山頂を切断して火星を木星に変えればよろしい。あるいは、木星の輪郭をもっているために周囲との調和を乱す山があるなら、その山頂を丸くして木星を金星に変えさえすればよいではないか。

こうしたことは、じつは頻繁に行なわれている。とくに旅行者たちは気づいているだろうが、高いには高いけれどもいくらか平べったい山頂のあちこちに、尖った土盛りがのっかっていることがある。この土盛りは、その山が土星に対応して平らだったので、火星に変えるべく積まれたものである。五行の火それじたいは、墓や家に適した土地を生み出すことはできないが、そのまわりの全体的な地勢に加わる要素としては絶対に必要だからである。

かくして、人間の運命を吉へと向けたり、天地の影響を修正し規制したりすることは、人間の先見の明およびエネルギーにおおいにかかっているということが明らかになった。さらに、天地がいかにして人間を支配しているかを示すことによって、いかにして自然およびみずからの運命を統御するかを人間に教えることが、風水体系のご自慢の種なのだとも、明らかになったわけである。

第六章　風水の歴史および文献

風水の起源

私たちはこれまで、風水というものは主として、朱子をはじめとする宋代の思想家たちの教えに由来するものとしてながめてきた。風水が自然学において認知された大衆的な体系であり、はっきりとした実用的な目的のためにある種の思想的観念を系統的に結びつけたものであると考えるならば、中国文化のまさに隆盛時代というべきこの時期からさらにさかのぼってその起源をたどることは、たしかに、ほとんど不可能である。とはいえ、大衆的なこの迷信体系をつくりあげることになったもっとも著名な観念と慣行となると、じつに上古の時代にまでさかのぼることができる。

風水の指導的原理は、はるか昔にその源流がある。北宋（九六〇—一一二七）以前には、それは確たる研究分野ももたなかったし、独立した職業にもなりえなかった。風水の指導的理念と実践の歴史は、しかし、中国哲学の歴史そのものといっても過言ではない。

風水のもっとも根源的なルーツは、先祖の魂にたいする過剰にして迷信的な崇拝に発した。先祖崇拝は、儒家思想に似た精神のもち主なら、単に孝心の表現として、もっぱら道徳的な基盤に立って解釈したかもしれない。大多数の中国人にとっては、しかし、すさまじい迷信という毒草がはびこる豊かな土壌となった。先祖崇拝は、当然のことながら、死んだ先祖の魂が子孫の運命になんらかの影響を与えることができるし、また与えるにちがいないという観念を含んでいる。こうした迷信的な観念が存在したことは、現存する最古の記録にも見ることができるが、その観念こそが、風水という体系をつくりあげる原動力となり、指導的な衝動となったのである。

墓地の地形と盛り土

風水を方向づけるにあたり古代の迷信的な精神が踏んだ次なるステップは、死んだ先祖がもつ仮想の影響を、墓の場所およびそれぞれの墓地のまわりの地形的な性格と結びつけたことであった。中国のもっとも原初の時代にそうした風習が流行していた痕跡はない。しかし、この種の観念が最初に芽生えたことのはっきりした証拠はいくつかある。周王朝（前一〇二七～前二五六）より以前とは思われないが、歴史の夜明けのころ、一般の人民は平地に、諸侯は低い丘に、皇帝は高い山頂の盛り土の下に、それぞれ葬られたと伝えられている。(1) ここにまず最初の手がかりがある。すなわち、

トマス・アローム　広東の珠江ぞいの黄埔付近

墓の一般的位置ばかりでなくその構造が、高い盛り土と結びついているという、かなり重要なことだ。その盛り土は、皇帝の墓なら墓の背面にあり、後代なら疑いもなく龍として、墓を背面から守る役目を果たしていたであろう。

また、孔子の言葉を典拠にして、古代には死者の頭が北を向くように墓をつくったとも伝えられている。『礼記《らいき》』に「死者はその頭を北に向け、生者は南郷《なんきょう》する」と見える。『礼記』の注釈者は、この埋葬様式を、北は陰によって支配されており、南は陽によって支配されているからだと説明している。(2) すなわち死と分解は、自然の陰の原理すなわち逆行する「気」に属し、生と活力は、拡大する陽のエネルギーの影響下にあるからだというわけである。このことは風水の方向づけにおける次のステップを示している。すなわち、自然における陽と陰のエネルギー、および羅盤による南北の区別が、墓の位置と建造にとって重要な役割を果たすようになったということである。

墓の上の盛り土は、もともと皇帝の墓の特権であった。しかし時がたつにつれて、あらゆる階層の墓に採用されるようになった。孔子のすぐ前の時代には、どの墓にも盛り土をするのが重要だと、あまねく考えられるようになっていたらしい。上古という時代を礼賛していた孔子にして、不当な改革であったはずのこの風習にたいして取った彼の態度そのものが、古代の埋葬形式は逸脱したものであったこと、その慣習や観念は、彼の時代あるいはそれ以前の時代においては、みずから抗議せざるをえないと考えた墓のつくりかたと結びついていたことを、はっきりと示している。(3)

無意識的な風水思想

いままでに述べた手がかりをすべて考慮に入れるならば、孔子よりずっと以前から、死者を弔う人びとが、墓地を慎重に選択するのは、および慣習的な様式にせよ墓をつくることそれじたいを重要視していたのは、否定できないように思われる。先祖の霊魂を迷信的に崇拝する人びとの考えによれば、こうしたことが、墓を建ててもらった魂によって災厄を防ぐために、あるいはまた、訪れるかもしれない繁栄を確保するために、行なわれたであろうこと、申すまでもない。要するに、風水の基礎的な原理は、孔子より何百年も前から、いわば無意識的に、迷信的な人びとによって実践されていたのである。

とはいえ、風水が一つの科学となって、職業として組織的に実践されていたという証拠は、なに一つないのだ。至高の人格神にたいする古代の信仰が何らかの影響を及ぼしていたあいだは、迷信の影響を受けた人びとのなかを浮遊していた上述の観念が一つの体系を形成するには至らなかった。そうした体系が形成されるためには、中心となるべき、実利的な運命論の観念が要求される。現代の中国の熱烈な風水信者たちは、上古の時代、風水はすでに公認された科学の一分野であったという証拠を引き出すべく、実際にあれこれ試みている。けれども、彼らが依拠する文言《もんごん》はといえば、あまりにも茫漠としており、望むべき結論を保証するには足りないのである。

伏羲の八卦図について、『易経』は「聖人は天を見上げて（八卦図の助けにより）天空の現象すべてを観察し、大地を凝視して（同じ八卦図により）地面の輪郭を調査する」と述べている。とはいえ、これにすぐつづく次の文章では、風水めいたことについては何も触れていない。すなわち「聖人はすべての事物の源にまでさかのぼり、やがて再びその存在の末端にまでたどる。かくして彼は、生と死の理論を理解するのだ」[4]。それゆえ、この一節が宇宙に適用された場合の八卦図の使いかたについて一般的に述べているにすぎないのは明らかである。伏羲あるいは文王の八卦図が、墓の風水的位置、および人びとの運勢に及ぼす墓の影響の決定にあたって、はるか昔に一度でも使われたという証拠は、まったくないのである。

孔子と迷信思想

風水の歴史の第二期は、孔子（前五五一〜前四七九）から漢王朝の成立（前二〇六）までといってよいであろう。この時代は、民衆に強い影響を及ぼしていた孔子およびその弟子である孟子と孫子の影響下にあった。彼らは、民衆のあいだにすでに蔓延し組織的な風水体系へ向かおうとしていた迷信的観念を抑えたり正したりしていたが、この問題については、はっきりとした態度で、迷信を否定し、啓蒙的な理論で置き換えようとしていたのである。とはいえ、孔子とその弟子たちは、みずからは迷信にはとらわれなかったが、先祖崇拝の古代の形式をめぐる迷信とあえて格闘することはなく、古《いにし》えの聖人たちのパターンにしたがって道徳の改善を力説するにとどまっていた。つまるところ、彼らが中立を保っていたがために、迷信はますますひろがることになってしまったのである。

風水的な迷信のそうした初期的徴候をめぐって孔子とその弟子たちがとった立場は、次の逸話によってはっきりと説明できる。孔子が彼の父の墓をかなり骨折って見つけたあげく、それを掘らせると、母の遺体が父の遺体とともに葬られていた。そこで、当時の習慣にしたがって、墓の上に盛り土をすべきだと勧められた。孔子は、それが古代の作法とは一致しないことに気づきはしたが、反対はしなかった。しかし、盛り土が行なわれたとたん、にわか雨によって盛り土は洗い流され、また平らな地面にもどったという。この逸話の信憑性は高いとされている(5)。

このちょっとした出来事は、孔子が当時の風水的な迷信に捉われていなかったことを示している。この話は、しかしまた、宇宙の至高の支配者への信仰とは両立しえない教理の不合理性と下らなさにたいして、彼が攻撃したり暴露したりする勇気をもっていなかったことをも示しているであろう。とはいえ、彼が至高神への信仰をもっていたのかどうか、あるいは彼の神は単に物質的な天にすぎなかったのかどうかについて、はっきりと説明したことはなかった。彼の弟子たちもまた迷信に反対すべく、より大胆な態度を取ることもなかった。彼らは師の例に倣って計算された中立を守り、尊敬する古えの聖人たちという人格神にたいする信仰が、いつのまにか道教的な思弁と多神教的な儀礼とに交代していくのを放置していたのである。

道教と迷信思想

道教的な思弁は識者のあいだに流行しはじめていたし、多神教的な儀礼は民衆のあいだでひろまっていた。彼らはみずからは占術など信じていなかったが、占卜《せんぼく》のために八卦を応用することにはまったく賛成だった。彼らは、同時代の人びとの宇宙発生論的《コスモゴニック》な思弁を信じていなかったが、世界がいかにして創造されたかという問いについては、何の意見も表明しなかった。かくして、彼らはあらゆる形態の迷信にたいして、ドアを開け放ったままにしておいたのである。この期間のもっとも初期の風水がどの程度まで達成したかについては、何のデータもない。しかし、前述の地相的な観念が、古代の知恵と知識の守護者たちの計算された沈黙のもとで、広汎にひろがったことは疑いないであろう。

ところで、この時期の終わりごろ、樗里子《ちょりし》という学者がいた。彼は、自分の墓の場所としていずれ皇帝の宮殿の側面に位置するようなところをえらんだと、豪語した。いい換えれば、死後に自分を埋めてもらう場所を見つけたが、その場所の地相的な親和性は、自分の子孫のだれかを帝位に就かせるような場所なのだというわけである(6)。

漢代の風水思想

漢王朝の勃興（前二〇二）は、初期風水の歴史に新しい時代をひらいた。古典の弾圧は廃止され（前一九一）、秦の暴君たる始皇帝の焚書を免れた断簡のたぐいが、古典の復刻のために熱心に集められた。そこで熱狂的な孔子研究が新たにはじまり、古典の注釈者は何倍にも増えた。かくて儒教は、かつての信仰をふたたび確立すべく新たな変化の時を迎えたのである。ところがまたも、儒教は不適格ということになった。文献にたいする国を挙げての関心が目覚めたそのなかで、最初は次のようにはじまった。すなわち、儒教の注釈者たちは、同時代の人びとの思弁と迷信について、彼ら自身や昔の伝統が正しいと主張する機会を与えられた。道教の占星術師と煉丹術師のばからしさ、およびそのさらなる発展を、古代信仰の論理的基礎についてのポピュラーな解説および自然についての合理的な考察によって抑制する機会も与えられた。この偉大なるはじまりは、しかし古典にたいする儒家たちみずからの衒学的な態度と、古代の教義にたいする無味乾燥な解説によって犠牲に供されたのである。

いっぽう道教はといえば、儒教が捨て去ったせっかくの機会を利用して、人びとの心を占星術的な神秘的な思弁で満たしつつ、儒家たちにさえまだ染みこんでいる迷信の風潮をさらに高めた超自然的かつ神秘的な学問を打ち建てていた。

劉向《りゆうきよう》（前七七～前六）は、儒家の佚書の再編に成功したことで有名でありながら、公的な検閲官として皇帝に奉った疏《そ》において、彼が地相的な迷信を信じていること、そしてその種の迷信が、そのころ道教の占星術と宇宙論の影響下で、いつのまにか新しい勢いをつけていたことなどを、図らずも告白している。その疏において彼は、山東の済南人で極悪非道の王氏の墓の上では、二本の木が絡みあい、葉がもつれあいしていること、その墓の形は直立した石か枝が上へ伸びた柳に似ていることを報告したうえで、これは、この男の子孫の一人が皇帝になるという前兆であり、王氏一族を全滅させるべきだという明白な暗示であると、ほのめかしたのだった。(7)

最初の風水書？『宅経』

地相術について民衆のあいだに流行していた概念を集め、それを一つの体系にまとめようとする最初の試みがなされたのも、このころのことであった。風水という体系の最初の解説者となったのは、漢代に出版された『宅経』（「住宅の規範」の意）という書物であった。この書物に厳かな古色を加えるべく、古代の黄帝をその著者に仮託し、おそらく当時の人びとは信じたであろうが、もとより根拠はまったくない。漢・隋・唐の諸王朝のもとでは書籍目録も出版され、問題のこの書物も記載されているが、黄帝を著者だとは述べていない(8)。

とはいえ、この書物はそれまでの地相術的迷信の要約であるばかりでなく、かつては墓だけに適用していた地相術を、生者の住宅にまで拡大することによって、風水の教理をさらに押し進めたのである。生者の住宅は「陽宅」と呼ばれ、墓は「陰宅」と称された。それはまた、かつては占卜のみに使われた八卦を陽と陰に分け、墓地と住宅の双方の地相的性格を決定するのに応用した。文王八卦のうち、風(＝巽。南東)・火(＝離。南)・地(＝坤。南西)・海(＝兌。西)の卦は、自然の陰エネルギーと一致し、いっぽう、天(＝乾。北西)・水(＝坎。北)・山(＝艮。北東)・雷(＝震。東)の影響は、創造の陽原理と一致するとされた。

この書物は八卦図を適用することで災厄を避け繁栄を保障する「二十四路」なるものを分類している(9)。勅撰目録の編纂者たちは、文王八卦図のこのような適用にはある種のすぐれた意味があると考えたのだった。

三国時代の袁安と管輅

風水の次の時代は、三国時代（二二〇―二八〇）と六朝時代（二六五―五八一）である。地相術がこの時期の初期に獲得した影響力は、三国の一つの蜀漢（二二一―二六三）の記録に見える一つの出来事によっても十分に例証できるであろう。

袁安なる男が父の葬儀にあたり適当な埋葬地を見つけたいと、用地を探しに出かけたところ、たまたま三人の書生（地相術に通じた連中）に出会った。彼らは袁安の一族が最高の地位と富を確実に得るのを保障する場所を示した。袁安は彼らの忠告にしたがい、父をそこに埋葬した。果たせるかな、彼は高位に任じられ、子孫もまた、何代にもわたって、最高の地位に就いたのだった。(10)

『三国志』と呼ばれる歴史書にはまた、かつて地相師たちが、二十八宿が大地に及ぼしているであろう多様な影響を表現するために、星空の四分円の、東に青龍、北に玄武、西に白虎、南に朱鳥を当てたことを示す一節がある。すなわち、管輅《かんろ》は毌丘倹《ぶきゆうけん》の墓のそばを通ったとき、「白虎が遺骸を銜《くわ》え、朱雀が悲哭しているのを見よ」と叫んだという。(11)

仏教と風水思想

中国人が、ヒンドゥー教の天文学における恒星のうちからいくつかを落とし借用した二十八宿についてのこの言及は、すでに仏教の影響が高まっていたことを物語っているであろう。[13] 漢の皇帝の一人によって中国で公認されたこの外来の宗教は、中国のあちこちで数百年にわたり布教がつづけられ、すこしずつ足場を獲得していた。[14] 六朝時代、とりわけ晋王朝（二六五―四二〇）の時代になると、仏教は国家のなかの一権力となり、やがて、その無神論的かつ運命論的な観念を人びとにあまねく浸透させたのである。こうした教義は、当然のことながら、一つの体系を形成するにあたっての中心的な、ないし合理的な基盤を欠いていた地相術という奇想に、進歩と発展を促した。仏教は、その無神論、その運命論、宇宙の崩壊と再生の果てしない輪廻《りんね》をめぐるその観念によって、地相術の欠けている部分を補うことができた。したがって、風水は、この期間、とりわけ晋王朝のもとで、新しい起動力、新しい同盟者、新しい解説者を迎え入れたということがわかるのである。

郭璞の『葬書』

有名ながら謎めいた人物である郭璞《かくはく》は、(15)風水についてのあらゆる伝承を集め、『葬書』(埋葬の書)として刊行した。これは現存しており、今日でも風水の研究者にとって主要な参考文献の一つとなっている。多くの風水家たちは、郭璞を新しい風水の創始者と呼んでいるが、しかし郭璞が地相術に長じ晋代の人であったという単純な史実のほかに、この主張に与《くみ》する証拠は何もない。『葬書』そのものでさえ、風水を論じ自然の形態と輪郭について述べてはいるものの、郭璞が著わしたという確たる証拠はない。というのは、当時の文献目録にその記述がないからである。唐代の目録にはじめてこの書名が見えるが、ここにも著者名の記載はなく、宋代の目録がはじめて、郭璞を『葬書』の著者に結びつけたのである。(16)

同一の墓の吉と凶

ともあれ、風水なる迷信が、六朝時代におおいに注目され、かつ奨励されたこと、ほとんど疑いないであろう。こうしたいくつかの王朝の正史すべてに、数ある記述にまじって、風水による吉祥についての巻も立てられているということは[17]、なかなかに意味ぶかい事実である。

そして歴史が注目すべきことがらとして語るところによれば、隋王朝の初代の皇帝である文帝は、風水の真実性をめぐる論争はやってみる価値があると考えたのだった。文帝が北斉討伐の旗を掲げたとき、彼の政敵たちは、彼の先祖の墓の神聖を汚した。風水によれば壊れた墓がもたらすはずの災厄を、彼にも及ぼそうとしたのである。それにもかかわらず、彼は、戦場で弟をひとり失ったものの努力は報われ、帝位に就いた。

史官は、文帝の次のようなことばを伝えている。「わが家祖の墓が、もし吉利の位置になかったのなら、どうして朕は帝位に就くことができたであろうか。家祖の墓が、もし吉利の位置にあったのなら、どうしてわが弟が殺されたのであろうか[18]」。後代の風水の解説者たちは、同一の墓ないし住宅、同族のある者には不幸が降りかかり、別の者には祝福が訪れるといったことが起こるのはなぜか、という問題について説明するため、いとも巧妙な理論をでっちあげた。おそらくは、文帝のこのことばのせいであろう。

唐代における風水書

唐代（六一八～九〇七）になると、文学わけても詩の隆盛が有名であるが、おびただしいサンスクリット経典の漢訳でも知られる。そんな王朝のもとで、道教や仏教と同じような、ほとんど国教的ともいえる神秘的かつ空想的な教義が普及すべく都合のよい新しい時代の幕がひらいた。五惑星（金星・木星・水星・火星・土星）が大地のあらゆるものに影響をおよぼすという観念は、この時代にはじめて登場した。これを風水学者たちが熱心に解釈し講じたのは申すまでもない。

前述の『葬書』は、すでにポピュラーなマニュアルとなった。そのほかにも、『撼《かん》龍《りゅう》経』（龍を目覚めさせる法に関する規範）、『青囊経《せいのう》』（青い袋の規範）、『疑龍経』（疑わしい龍に関する規範）などがもっとも重要なものである。

『撼龍経』は、五惑星に加え、前述の北斗九星についても述べているが、注釈者のなかには、この九星を斗と呼んでいるものもいる。いっぽう、大熊座の七星と近くの二星だと説明するものや、天空を浮遊していると主張するものもいる。ともあれ『撼龍経』は、住宅あるいは墓にとっての吉地を、えらぶ理論すべての基礎を、これらの九星に置いているのである。

『青嚢経』は、偶数と奇数の繋がり(一―六、二―七、三―八、四―九、五―一〇)の秘儀的な特性についての説明ではじまり、次に、天上のすべてのものはそれに対応する数の片割れを地上にもっているという規則へとつづく。

『疑龍経』は、龍と虎がとりわけ表立ってはおらず、あたかも隠れているかのような場所について、その天然の姿や輪郭を述べている。以上の三種の書物の著者は楊筠《よういん》松《しょう》[19]ということになっている。彼は郭璞の弟子だと自称し、風水体系のなかでも、龍虎のシンボルや、分水界の方向とかたちおよび水脈の影響について、郭璞が述べている部分を発展させた。

宋代における発展

とはいえ、地相術における前述のすべての要素が一つの大きな体系としてまとまり、一つの思想的基盤の上に構築され、天が地におよぼす影響、および天地が人事におよぼす影響の、あらゆる形態を結びつけるべく方法的に発展させたのは、宋代になってからであった。

この体系は、実際のところ、ひろく人気を得た周濂渓《しゅうれんけい》[20]、程顥《ていこう》・程頤《ていい》の兄弟および高名な朱子など、物質主義的な思弁の、実用化にすぎなかった。彼らの宇宙論や太極理論、およびすべての物質的現象の主な要因としての陰陽原理と「気」の理論が、民衆的な信条になったのである。そこで風水の信奉者たちは、この自然哲学の壮大な理論体系のなかで人気があるものすべてをうまく取りこんで、朱子ごのみの術語と一致させるべく奇抜な地相術的概念を宣伝し、宋代の偉大な思想家たちが正当に獲得した民衆的な人気の分けまえにあずかろうとした次第だが、それはまあ、何のふしぎもないであろう。

王伋《おうきゅう》と呼ばれる学者が、そのころ風水を専門的職業としていた連中の主な代表である。彼は郭璞の弟子だと称し、そして五行の相生と相剋の理論を生み出したという栄誉を要求した。彼はまた、新しい哲学用語を使って地相術についての伝統的な観念を体系化し、朱子の唯物主義の土台をもとにして風水の法を再編したのだった[21]。

今日の風水二派

今日では、風水の信奉者は二派に分かれている。すなわち福建派と江西派である。

いままでの章において、この両派に共通する著名な学説については説明ずみである。そこで、この両派が風水体系の四分野のどれに重点を置くかで区別されていることだけをつけ加えるにとどめよう。福建派は、王伋を始祖だと主張し、最大の重要性を自然の秩序（「理」）と自然の数的比率（「数」）という教理に置く。それゆえ彼らは、とくに羅盤の使用に熱心である。

江西派は、江西地方ではじまったので、楊筠松を始祖だと主張し、最大の重点を自然の「気」と「形」に置く。彼らも羅盤を使うけれども、土地を調べるときに補助的に使うだけである。というのは、彼らの原理は、龍虎および吉の「気」の、目に見える兆候をまず探してから、羅盤によって周囲の影響を判断することにあるからである。

この両派は、膨大な文献を生み出してきた。しかし、いずれも朱子の哲学を基礎とした前述の観念を拡大させたものにすぎないのである。

風水の歴史と文献をこうして現在までたどってくると、私にのこされたことはただひとつ、すなわちこの迷信やら無知やら哲学やらの奇妙な寄せ集めものがいまだにもっている影響の範囲について、若干のコメントを付け加えるだけということになろう。

第七章　むすび

中国人の社会生活と風水

風水というものは、中国人の観点から何と呼ばれようと、私たちの目には、宗教と科学との完全な融合として映る。けれども、残念なことに、風水の宗教的要素は、古代的な人格神論がとっくに消滅してしまったために、半ばは道教的な、半ばは仏教的な、迷信の色濃いものへと歪められてしまった。それ以後に私たちの目に映るものは、せいぜい割増しして中国の自然学と呼んではいるのだが、科学的見地からすれば、子供じみた八卦図との非現実的な戯れによって美化された、自然についての粗っぽい憶測の寄せ集めにすぎないのである。

とはいえ、いかなるものであろうと、風水が、今日の、中国において、一つの力になっているという事実は動かない。それは、道教や仏教といった国家的宗教すら、ひろく浸透したその影響を奪い去ることができなかった先祖信仰の、もっとも本質的な部分なのである。のみならず風水は、中国人の社会生活に深く根をおろしているので、社会形態や習慣を根こそぎくつがえして再編成しないかぎり、結婚・出産・住宅建築・葬儀などといった家庭生活の行事と、きわめて強固に絡みあったままになっている。

中国人は古いものなら何でも崇拝するが、その崇敬の念こそが、風水の広範にわたる影響を説明するもう一つの要素といえるであろう。その起源は、すでに述べたように、たしかに遠い過去の時代にまでさかのぼることができるが、民衆の多くは、風水の起源を伝説的な古代の黄帝と結びつけ、中国の正史そのものと同じように古いものとみなしているのだ。

いっぽう、学問のある人びとでさえ風水を尊重しているという、別の側面もある。これは、風水が『易経』に定められている八卦の構想と基本的に一致していること、風水の全体系が道教や仏教における奇想と結びつきつつも、いっぽうにおいて朱子の新しい思想とも完全に一体化していること、などによるであろう。風水は、たしかに、道教の神秘主義、仏教の運命論、朱子の物質主義を洗練させたその精髄といえる。だからこそ、はっきりした賛同でないにしても、上下《しょうか》を挙げてのひそかなる共感を得たのである。

高い教育がある知的な儒学者なら、そこらの風水師のお粗末な予言なんぞは信じないこと、いうまでもない。それでも、こんな知的な儒学者でさえ、うちうちのことに

トマス・アローム　湖北省の武当山。唐宋以来の道教徒の聖地。

なると、もっとも定評のある風水の規範に照らして家庭の問題を処理するにちがいない。もちろん、中国の政府それじたいとしては、風水の普遍性なり正当性なりを公認しないであろう。それでもなお政府は、風水師が日ごろ必携しているさまざまな表や、データや指示や八卦図などを含む通書《アルマナク》を、とくに皇帝の裁可を付して年ごとに発行しているのである。

法律・政治・外交と風水

風水は、中国においては法的地位を有している。中国のどこであれ、墓や住居の風水をめぐる妨害やら衝突に起因する論争がおこれば、法廷はその苦情を受け入れて、理非曲直を審理し、風水が虚構ではなく現実かつ真実のものであるという前提のもとに、その案件を決裁するのである。

風水は、政治的な地位すらもっている。十八省(1)のどこかで反乱が勃発したとき、政府がきまって取る第一ステップは、ただちに軍隊を差し向けることではなく、反乱のリーダーたちの先祖の墓を見つけてそれを暴き、骨をばらまき、あらゆる手段でその墓の神聖を汚すべく、使者を派遣することであった。反乱者のもくろみをくじき成功の可能性を妨げるには、これがもっとも確実なやりかただと思われていたからである。

また中国沿岸のあちこちで、憎むべき外国人にいわゆる外国の租界として、領土を割譲しなければならなくなったとき、政府は、そこに定住する人びととその子々孫々すべてに恐るべき災厄が降りかかるであろう土地を、常にえらんだものだった。その場合、最高の風水師が羅盤の指示によって最悪の「気」を見つけたわけである。もしその場所が条約によって割譲しなくともすむようになったとしても、知らぬが仏の外国人にたいしては、その土地が自由に買える唯一の場所だといったものだった。いずれにせよ、無知で野蛮で疑いぶかい外国人は、抜け目のない中国人にとっては、いいかもであり、お笑い草だったのである。

たとえば、広東のいわゆる外国租界である沙面島について、中国の知識人はこんな見解をもっている。すなわち、そこはもともと風水が知るかぎり最悪の凶地である珠江のなかの沙洲であった(2)。その島を、外国勢力の横柄な要求に対し、外国人が住むには最上の場所であるとして与えた。そして、かつては巨大であった広東の貿易が関係者のあらゆる努力にもかかわらず復活しないことがわかったとき、また、沙面に建てた家がのこらず、コールタールやら石炭酸やらの外国製の塗料なんぞをものともしない白蟻に荒らされたとわかったとき、それは、風水と中国の政治手腕の、明らかな勝利となった。イギリス領事のごときは、自分のために特別な邸宅をそこに建てさせたのに、二マイル離れたところにある風水塔の陰に引っ越そうとしたことがばれてしまったのだった。

風水の柔軟性

風水の威力は、強大である。とはいえ、それはけっして外国文明の中国への導入にとって、越えがたい障害ではない。なぜなら、風水にはあきれるばかりの柔軟性があるからである。風水は、巧みな操作によって、ほとんどあらゆる環境の組みあわせに適合するように、変えたり改めたりすることができる。最悪の凶地、致命的な「気」や凶星の影響といった最悪の蓄積でも、熟練と惜しみない努力によって修正することが可能で、その結果として、邪悪な影響はすべて防御できるし、あるいは吉祥へと変えることさえできるのである。金銭というものは、したがって、風水にかかわる障害や風水との対立を取り除くのにおおいに有効なのだ。とはいえ、金銭は危険な武器である。いったんこいつを使うと、風水による損害を償うため、その要求は果てしなくなるであろう。

風水VS自然科学

中国における風水のほとんど全面的な支配をくつがえすであろう唯一の強い要因は、自然科学についての健全な思想が拡大すること、そして有用な知識が普及することである。風水には、自然科学をめぐるこの中国的な体系と、物理学についての西欧の見解とが共通の基盤としている一つの真理がある。それは、自然法則なるものの統一性および普遍性の認識だ。

風水には一つの大きな欠陥があり、それは幸いにも、西欧の自然科学者がはるか昔に捨ててしまったものである。風水は実験を無視するものであるが、同時に、自然にたいしてきわめてくわしい批判的な調査を行ないもする。風水の欠陥は、自然法則の統一性および普遍性をたっぷりと、わかりやすく解説することによって、埋め合わせることができるであろう。絶えず交替している自然の力、すなわち熱・電気・磁性・化学的親和性・運動について、正しい見かたをひろげるべきであろう。そういった見かたを、朱子が採用したような、強力にして魅力ある、そして大衆的なかたちで提示すべきであろう。その結果は、全体としてはあいまいなものになりえぬはずだ。科学の火は、地相術の残滓を一掃することだろう。それも、真理がその黄金の輝きを放つためにほかならない。

風水とは何か?

私は、「風水とは何か」という問いから出発した。同じ問いをもう一度くり返しつつ本書を締めくくることにしよう。

風水とは何か。風水とは、賢い母親の愚かな娘である——読者はおそらく私に同意してくれるはずだ。風水は、天文学、いやむしろ占星術のいくつかの概念から出発した。それは、おぼろげなあいまいな概念ではあるが、中国人がそうした概念を捉えたのは二千年以上も昔だということを考えると、まことに尊敬に値する。それは物質主義的な思想体系に基づいていたのだが、信心ぶかい、しかし皮相的かつ迷信的な方法で自然を研究していた。すなわち、論理的な定式と秘儀的な八卦図の力を信じつつ、自然のすべての問題を解決し、また天地のすべてをいくつかの数学的カテゴリーで説明しようと努力した。その結果がナンセンスの寄せ集めであり子供じみたたわごとになってしまったこと、いうまでもない。

風水の全体系は、大量の知恵を含んでいるかもしれないが、常識となると、ひと握りすらほとんど含んではいない。それでは、風水とはいったい何なのか。それは中国人の精神が自然科学の体系を求めてやみくもに手さぐりしたこと、というに尽きるであろう。その手さぐりは、自然を実際的に観察しようとはしなかった。古代の伝統なるものの真実性および抽象的な理由づけを、ほとんど排他的に信頼することにより、当然のこととして、中国人の精神をまったき闇のなかに置き去りにしてしまったのである。

風水の体系は、それゆえ、射倖心と迷信が生み出したものであり、自然を注意ぶかく研究することを無視したものといわざるをえない。このままでは、崩壊し消滅するしかない運命であろう。ワーズワースの言葉にもあるではないか——

To the solid ground
Of nature trusts the Mind that builds for aye;
（永遠に築きつづける精神は、

自然の堅固な基盤を信じて身を任せる。[3]）

訳注

【第一章】

(1) 香港がイギリスの植民地になったのは一八四二年。そして、本書初版刊行は一八七三年である。そこで「過去三十年にわたって」となる。(以下、訳注は全て中野が担当)

(2) 香港のイギリスへの割譲を決定した南京条約(一八四二年八月二十九日締結)には、広州・福州・廈門《アモイ》・寧波・上海の五港を開放してイギリス人の居住と交易を許可する旨も決められている。この五港を「条約港(Treaty Ports)」と称した。

(3) 「幸福の谷」ととりあえず訳した Happy Valley は、やがて「跑馬地(競馬場)」となり、さらにその周辺に閑静なイギリス人住宅街が形成されていく谷である。香港島のほぼ中央を北から南へと縦断する峡谷。七頁地図および一四〜一五頁《跑馬地とモリソン・ヒル》淡彩画参照。

(4) 「龍の四肢」とは風水用語なので後述するが、山の尾根を「龍脈」にたとえる風水思想では、理由なく山の尾根を切断するのは、とんでもないことと考えられた。
（5）マカオの総督アマラル Coelho Do Amaral が殺されたのは一八四九年であった。
（6）外科医のドクター・マレー Dr. I. Murray が香港に到着したのは一八五九年であるが、彼は以来、一八七二年の引退に至るまで香港の衛生状態について提言しつづけていた。
（7）薄扶林は香港島の西南部であるが、ヴィクトリア・ピーク（扯旗山）とマウント・デーヴィス（摩星嶺）を背後にひかえ、南の海に面しているので、たしかに風水的にも良好なところといえる。薄扶林貯水池の着工は一八六四年、完成は一八七一年であった。
（8）著者は、ここでは physical science といい、次行では natural science といっているが、訳し分けなかった。しかし、Chinese natural science といっているところは、おおむね「中国の自然学」と訳した。
（9）著者がここで「至高の人格神」について具体的にどう考えていたかは不明であるが、孔子を「至高の人格神」として祀る、つまり宗教としての儒教という側面に着目するならば、ジョゼフ・ニーダムの次の指摘は、ここの著者の考えを補うものとして重要であろう。「〝宗教〟としての儒教には、科学的な世界観が彼らの領分に侵入するのを憤るはずの神学者が一人もいなかった」（『中国の科学と文明』第二巻「思想史」上）。
（10）「ナーイアス」とは「ニンフ」すなわち水の精、「サテュロス」とは山野の精。

(11) 原初に「無極」と呼ばれる単子《モナド》があり、……以下の記述はおおむね周敦頤《しゅうとんい》（一〇一七〜七三）の『太極図説』の所説に合致している。「無極」とは、もともと『老子』に見える概念であったが、周敦頤が易《えき》学の解釈において援用した。したがって、ここで「朱子によれば」としているのは著者アイテルの思い違いであるが、宋学の祖といわれる周敦頤の説にも通じていたことになる。著者は、ジェームズ・レッグ（一八一五〜九七）が英訳した膨大なChinese Classicsによって、中国のいわゆる「四書五経」にもかなり通じていたと思われる。巻末「訳者解説」参照。

(12) 「ずっと一瞬の中断もなく……揺り動かしあったりしている」この力については、三浦國雄『朱子と気と身体』（一九九七、平凡社）の第一部第一章「総説　間断のない思想」を参照されたい。

(13) 「数」には、「かず」のほかに、「定まった運命」という意味もある。現代中国語でも「気数」とは「運勢」のこと。

(14) 尹有本《いんゆうほん》が尹一勺子《いんいつしゃくし》の名で編んだ『四秘全書十二種』は、「理函」「気函」「数函」「形函」に分類され、その「形函」所収の『地理精語』に付した嘉慶元年（一七九六）の自序でも「形理気数」の「四訣」の重要性を説いている。ただし、尹有本は広東人ではなく江西人であるらしく、また著者のいうほど高位に列せられた人物でもなさそうである。アイテルの誤解があるかもしれないことを含めて、後考を俟つ。

【第二章】

（1）黄道を十二等分して、このように十二支にあてる場合もあり、また木星がほぼ十二年で軌道を一周するところから、十二等分した黄道上の木星の位置を示す十二の星座で示すこともあった。これを「十二次」という。仏典渡来後は、中国人も西方の黄道十二宮の考えを知るようになり、密教経典などに登場する。

（2）中国人が地球の歳差運動を知らなかったとするのは誤りである。四世紀晋の虞喜《ぐき》は、分点の歳差をすでに発見していたし、彼の祖父の虞聳《ぐしょう》は天極にたいする地軸の傾きを三〇度と指摘していた（正しくは二三・五度）。詳しくはジョゼフ・ニーダム『中国の科学と文明』第五巻「天の科学」参照。

（3）二十四節気の考えかたは、著者が示しているように、あるいは現代の私たちが使っているように、陽暦で表わすと理解しにくい。陰暦で、十二中気と十二節気を交互に置き（次表）、各月に固定した中気と次の中気との日数（365 1/4÷12＝30 7/16）によって閏月のもうけかたを決定した。

詳しくは橋本敬造『中国占星術の世界』（一九九三、東方書店）参照（左の表もこれによる）。

春	
立春	正月節気
雨水	正月中気
驚蟄	二月節気
春分	二月中気
清明	三月節気
穀雨	三月中気

夏	
立夏	四月節気
小満	四月中気
芒種	五月節気
夏至	五月中気
小暑	六月節気
大暑	六月中気

秋	
立秋	七月節気
処暑	七月中気
白露	八月節気
秋分	八月中気
寒露	九月節気
霜降	九月中気

冬	
立冬	十月節気
小雪	十月中気
大雪	十一月節気
冬至	十一月中気
小寒	十二月節気
大寒	十二月中気

（4）原著にはないが、読者の理解を援《たす》けるため、「二十八宿・十二支・八卦・九曜・四神対照図」を掲げておいた。東南（この図では左下）の1「角木蛟」からはじまり、時計回りに28「軫水蚓」まで一周する。この「角《かく》・亢《こう》・氐《てい》……張《ちょう》・翼《よく》・軫《しん》」が二十八宿の星座名であり、それぞれの星座の規模により、各宿の距星（その星座でもっとも西に位置する大きな星）とそのすぐ東の星座の距星との距離（距離は測れないので角度）つまり赤経差が異なるので、二十八宿図はこのように不均等になるのである。この二十八宿が、日・月・火・水・木・金・土という、今日でも世界中で使っている七曜と結びついたのがいつなのかは、じつはよくわからない。また、「角木蛟」「亢金龍」……のように動物名と結びついたのがいつなのかも不明である。おそらく、宋以後の民間レベルにおけることだったであろうが、明代には軍隊の組織名として使われたらしく、二十八宿

旗の図が、それを奉じた実在の将軍の名とともに図示されている（『武備志』巻九十九・百「旌旗」）。『西遊記』や『水滸伝』のような通俗小説ではおなじみで、たとえば「四木禽星」といえば、角木蛟《かくもくこう》・斗木獬《ともくかい》・奎木狼《けいもくろう》・井木犴《せいもくかん》の四星が星将として登場する。なお、「二十八宿」の「宿」とは、正しくは「しゅう」と読むべきであるが、慣用にしたがい「しゅく」と読んでおく。

（5）木星の「仁」、火星の「礼」、金星の「義」、水星の「智」、土星の「信」を「五常」という。あとで出てくる「五臓」も含めて、この五星のさまざまな属性を、ここにまとめて表示しておく。

五行	五星	五時	五方	五色	五常	五臓
木	木星	春	東	青	仁	肝
火	火星	夏	南	赤	礼	心
土	土星	土用	中央	黄	信	脾
金	金星	秋	西	白	義	肺
水	水星	冬	北	黒	智	腎

（6）著者がここでいっている「大熊座（the Great Bear。学名ならUrsa Major）」は、正しくは「小熊座（the Little Bear。学名はUrsa Minor）」のことである。現在の北極

星は、小熊座アルファ星ポラーリスであるから、小熊座は尾の先端のポラーリスを中心に「時計の針のように」くるくるまわっているように見える。いっぽう、大熊座の尾にあたる北斗七星も、天の北極に近いので、時間と季節によって「時計の針のように」まわっているように見えるので、大熊座でもまちがいとはいえないだろう。ただし、著者が言及していない小熊座も加えて、中国の北天の重要な星座を一瞥しておいたほうがいいだろう。

次頁図中央の「北極五星」が小熊座とほぼ重なる（ただし、ひしゃく形はしていない）。ベータ星コカブは「帝星」と呼ばれ、二千年前は北極星であった。この帝星を中心とした「北極五星」が皇帝一族であり、これと皇帝一族を守護する左垣墻《さえんしょう》と右垣墻をもって紫微垣《しびえん》を形成する。右垣墻の最下の「右枢」は龍座《ドラコ》のアルファ星ツーバンで、コカブよりさらに二千年前の北極星であった。紫微垣の南の門をくぐって外に出ると、紫微帝行幸のときの乗用車となる北斗七星がひかえている。この北斗七星の中国名のうち左側の天枢《てんすう》・天璇《てんせん》・……は公式の、つまり儒教的な名称であり、右側の貪狼《たんろう》・巨門・……は道教的ないし密教的名称である。

なお、中国の天空には、天子の住まう、あるいは行幸するところとして、「太微垣《たいびえん》」「天市垣」があり、紫微垣と併せて「三垣」と称する。

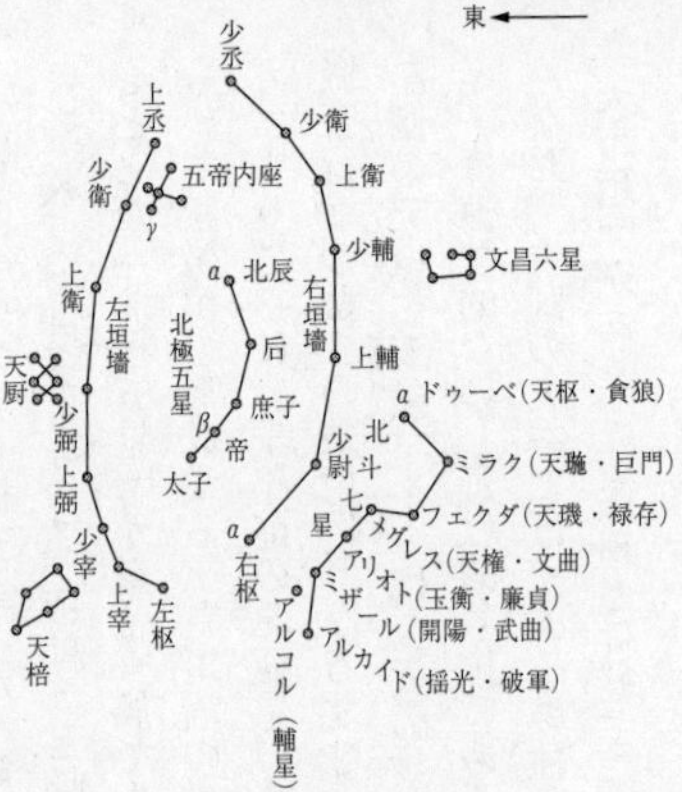

(7) ここは大熊座のままでよい。

(8) 著者はここで"the nine luminaries of the world"としるしているので、やむなく「九曜《きゅうよう》」としたが、九曜星とは「日・月・火・水・木・金・土」の七曜に「計都星《けいと》」「羅《ら》睺《ごう》星」を加えたものである。北斗とは関係がない。

(9) 「暦書《アルマナク》」とは、「通書」「黄暦」とも呼ばれる一種の運勢暦のこと。日本の、たとえば「高島暦」に似ている。より詳しくは、リチャード・J・スミス『通書の世界――中

国人の日選び』（三浦國雄監訳・解説、加藤千恵訳。一九九八、凱風社）参照。

(10)「北斗九星」という概念は、北宋の代表的な道教書である『雲笈七籤《うんきゆうしちせん》』に登場し、第八星輔星《ほせい》・第九星弼星《ひつせい》となっている。輔星はアルコルであるから、目のよい人には見えるが、弼星が何であるかという議論は、じつはあまり意味がない。ひと桁で最大の陽数（奇数）は九であるところから、数字九に合わせようということがあらゆる局面でなされたが、これもその一例である。あるいは、「輔」にたいして「弼」を立ててパラレリズムを完成させるという意識の表われでもある。「北斗」ということばが、北斗七星のほかにいろいろな意味をもつことは事実であるが、斗宿は射手座《サギッタリウス》の右手と弓の先端を結ぶ六星で、北斗七星とよく似た形なので「南斗」「南斗六星」と呼ばれ、稀にこの斗宿が箕宿の北の斗であることから「北斗」と呼ばれることもあった。なお、詩文中で「斗牛」と見えるのを、よく「北斗七星と牽牛星」と解する人が多いが、おおむねは斗宿（南斗六星）とその隣りの牛宿（山羊座《カプリコルニス》の頭）のことである。

(11)「五星」や「九星」が地上にそれぞれの「片割れ」としての山をもつということは、多くの風水書に説かれているところである。ここでは、呉明初『地理不求人』から関連図だけを挙げておく。

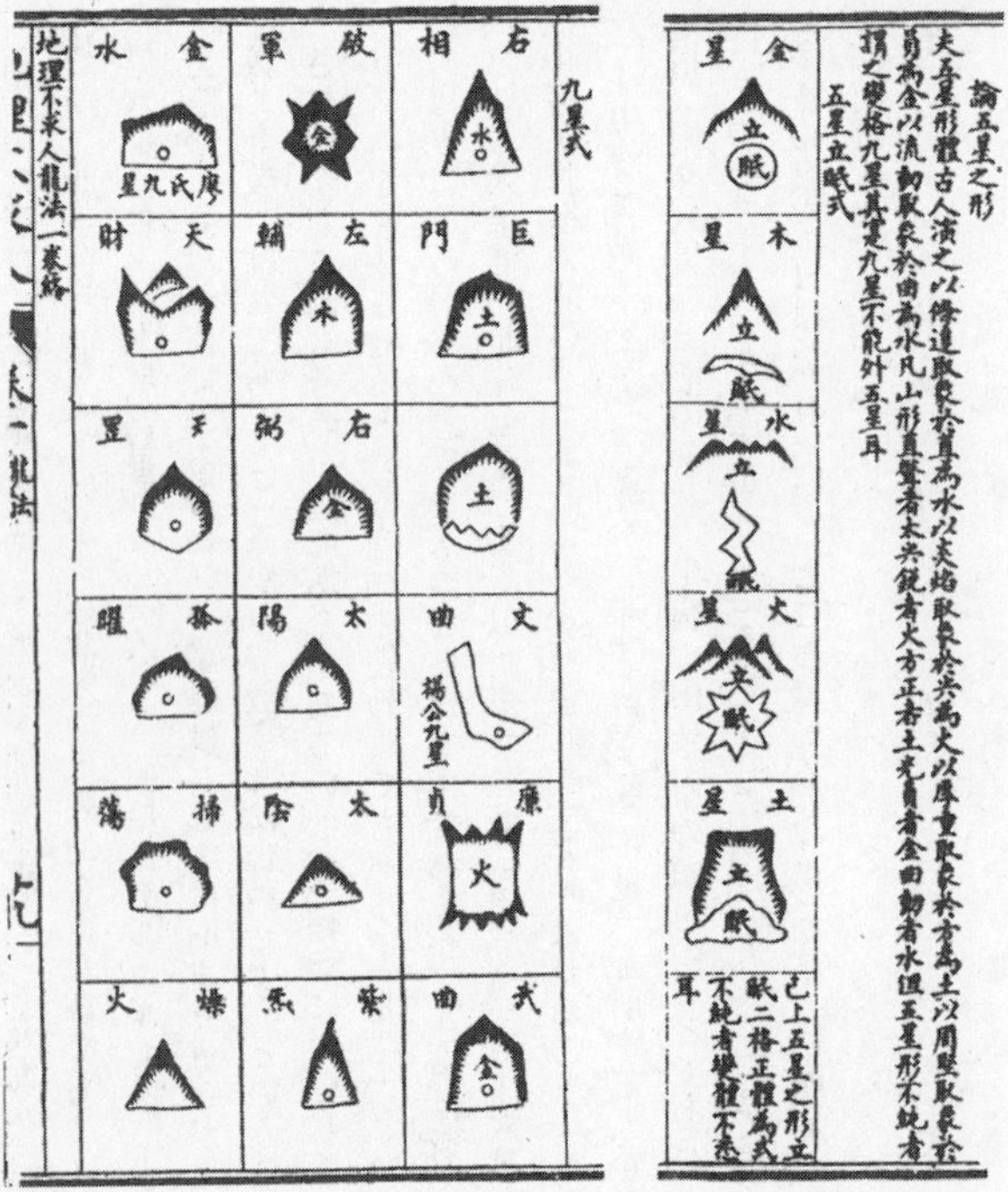

注11　呉明初『地理不求人』より

(12) より正確には、立春・立夏・立秋・立冬の直前の十八日間で、「土用」と称し、土気が盛んな時とされる。

(13) 著者は「胃」とするが、正しくは脾臓である。

(14) 「五福」には諸説あり、寿・富・康寧・攸好徳（ゆったりと徳をたのしむ）・考終命（天命を全うする）（『書経』洪範）あるいは、寿・富・貴・安楽・子孫衆多（桓譚『新論』）など。

(15) 『論語』の『朱子集註』ではなくて、『朱子語類』第三に見えることば。ただし、かなりの意訳。原文は「畢竟子孫是祖先之気。他気雖散、他根却在這裏、尽其誠敬、則亦能呼召得他気聚在此。……他那箇当下自散了、然他根却在這裏。根既在此、又却能引聚得他那気在此（つまるところ、子孫は祖先の気である。祖先の気が散じても、その根はここに存在するから、誠敬を尽くせば、祖先の気を呼び寄せ、ここに聚《あつ》めておくこともできるのだ。……祖先の気は直ちに散じても、その根はここに存在する。存在するからには、その気をここに引きつけ聚めておくことだってできるのだ）」。

(16) これも『朱子語類』巻三に見える。原文は「自天地言之、只是一箇気。自一身言之、我之気即祖先之気、亦只是一箇気、所以才感必応（天地についていえば、ただ一つの気があるだけである。自分自身についていえば、私の気というものは、すなわち祖先の気なのであるから、これまたただ一つの気があるだけである。だからこそ、感じると必ず反応するのだ)」。

(17) 著者が「アニムス」と呼んでいるのは、中国人における「魂《こん》」であり、「アニマ」は「魄」であろう。朱子の魂魄論については、三浦國雄氏前掲書第三章「鬼神論」に詳しい。とくに、その四「魂魄論」、五「祭祀論」参照。

(18) 青龍が「きまってその左側に」、白虎は「右側にいなければならない」ことの前提として、「南面していること」があるのに注意。南面していれば、青龍が住まう東は「左側」になる。

(19) 「男の腕の……」をわかりやすく図示すると、次図(一四八頁)A-aのようになる。これを組み合わせたA-bは、中国の三合院・四合院住宅の様式図となろう。このような陽宅(生者の住宅)の基本構造が陰宅(死者の住宅、すなわち墓)のそれと同じであること、次図Bにも明らかであろう。渡邊欣雄『風水 気の景観地理学』(一九九四、人文書院)第五章「漢族の風水知識と居住空間」による。

(20) 虎門寨は、十八世紀末から広東貿易を独占してきたイギリスによって、著者がしるすように The Bogue Fort と呼ばれてきた。珠江口の外洋に突き出た東側が香港、西側が澳門であるが、漏斗状の珠江口を遡っていけば、虎門において珠江はにわかに狭い海峡となる。そこを虎門と称し、砦を築いて虎門寨(「寨」は砦)として外国軍艦の航行を禁じたが、イギリスのチャールズ・エリオットはアヘン戦争中の一八四一年一月ここを占拠し、広東攻略を開始した。一八四二年八月に南京条約が締結されたが、翌年六月には追加条約も締結され、そのなかには虎門寨条約も含まれる。

(21) 旧広東城のすぐ北に白雲山(最高地点は約五九〇メートル)があり、そのゆるやかな山波が東西に分岐して虎門をめざしている。ただし、「白虎」とされた西側の尾根は、珠江デルタを横切る標高二〇〇~三〇〇メートルのカルスト台地である。

(22) 旧広東城の北城壁には、大北門(西側)と小北門(東側)があるので、著者は"the North-gates"としるしている。

【第三章】

(1) 古代の伝説的な帝王である伏羲の時代に、河(黄河)から龍馬が背負って出てきたという図を「河図《かと》」という。

一五〇頁図上が本来のものだとされるが、同頁図中のように修正されたものが宋代以降ひろく通行している。また、これも伝説的な帝王である禹《う》の時代に、洛水からべつの図を甲羅に書いた亀が出てきたという伝説もあり、これを「洛書」という(同頁図下)。三次魔方陣になっているのに注意。「河図」「洛書」とも古代盛世のシンボルなので、孔子は「鳳鳥不至、河不出図(いまや鳳鳥も来ないし、黄河からは図も出ない)」といって嘆いた(『論語』子罕)。

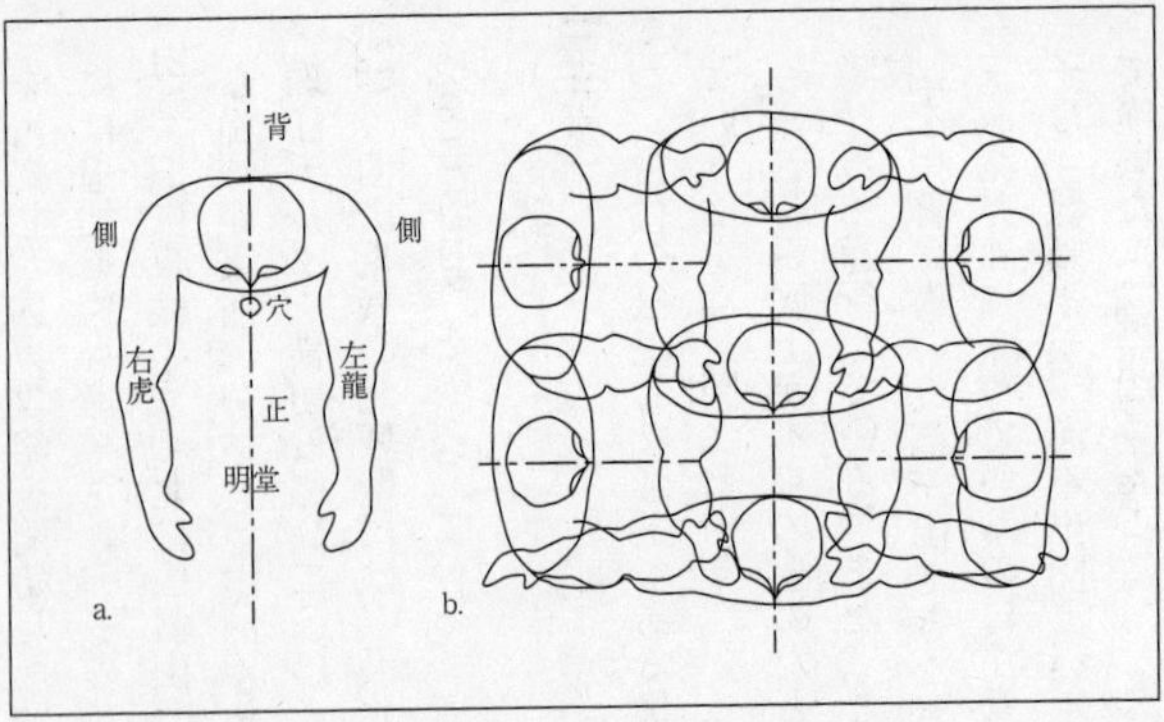

注19　A. 陰陽両宅の身体宇宙

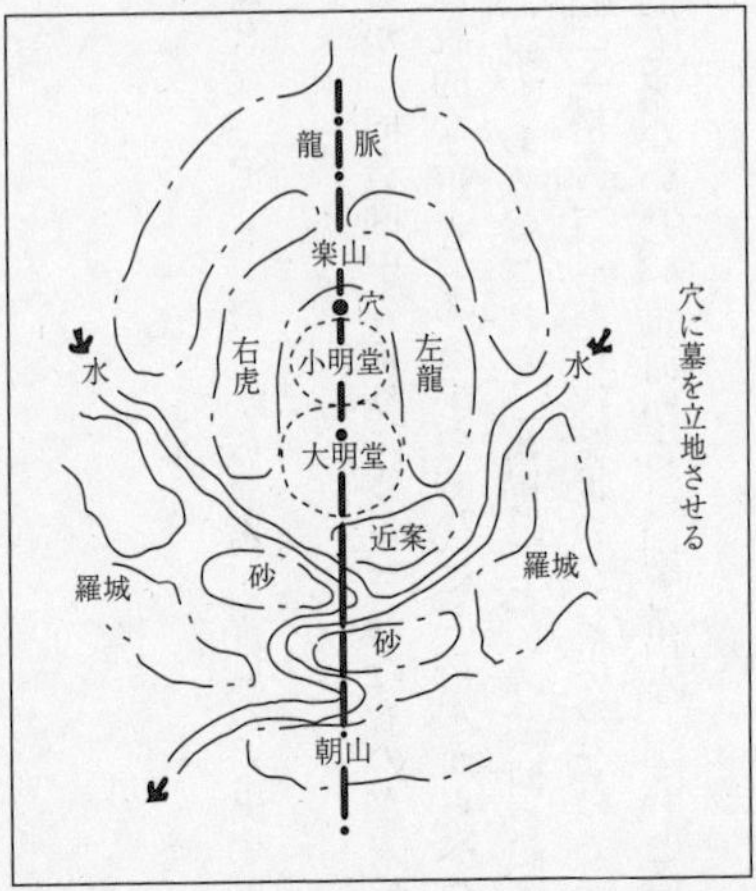

注19　B. 理想的な陰宅環境の略図

注20　広東の地形

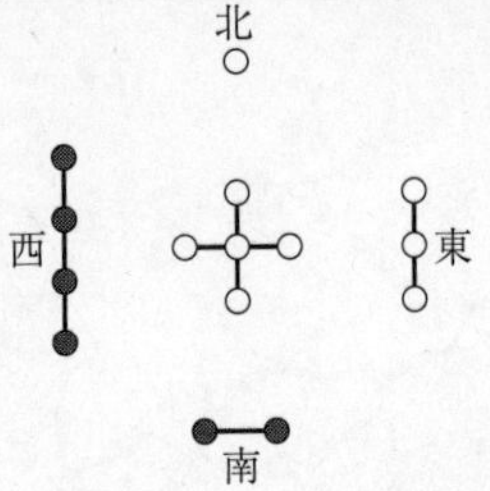

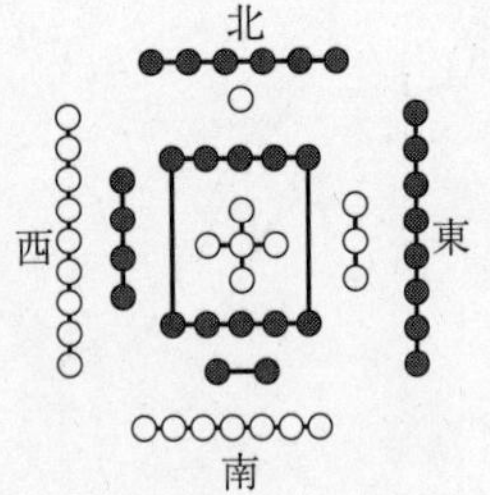

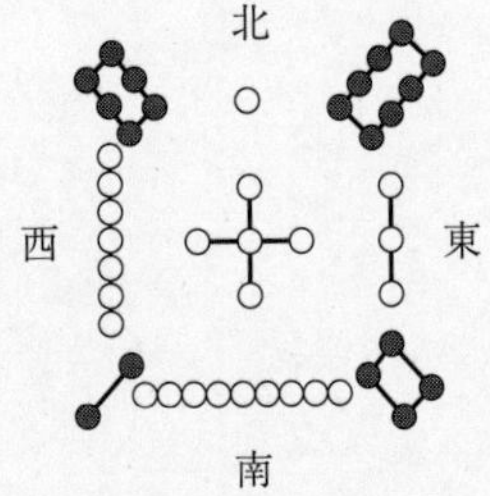

この「河図」「洛書」を八卦の起源であるとする説もあるが、八卦起源説としては有力なものにならなかった。

(2)『易経《えききょう》』繋辞《けいじ》伝に「易に太極あり、これ両儀を生ず。両儀は四象《ししょう》を生じ、四象は八卦を生ず」と見える。これを朱子の解釈によって図示すると一五一頁のようになる。

(3)「水と火が追いかけっこをしたり……」は甚しい意訳。『易経』説卦伝の原文は「天地定位、山沢通気、雷風相薄、水火不相射、八卦相錯(天地が位を定め、山沢が気を通じあい、雷風が互いに薄《せま》り、水火が互いに射《いと》わなければ、八卦は互いに錯《まじ》りあう)」であり、以上の(一)~(八)に見られるような方位配当はしていない。しかし、北宋の邵雍《しょうよう》や朱子がこの文章に基き「伏羲先天八卦」(一五一頁下図右)を示した。説卦伝では、「文王

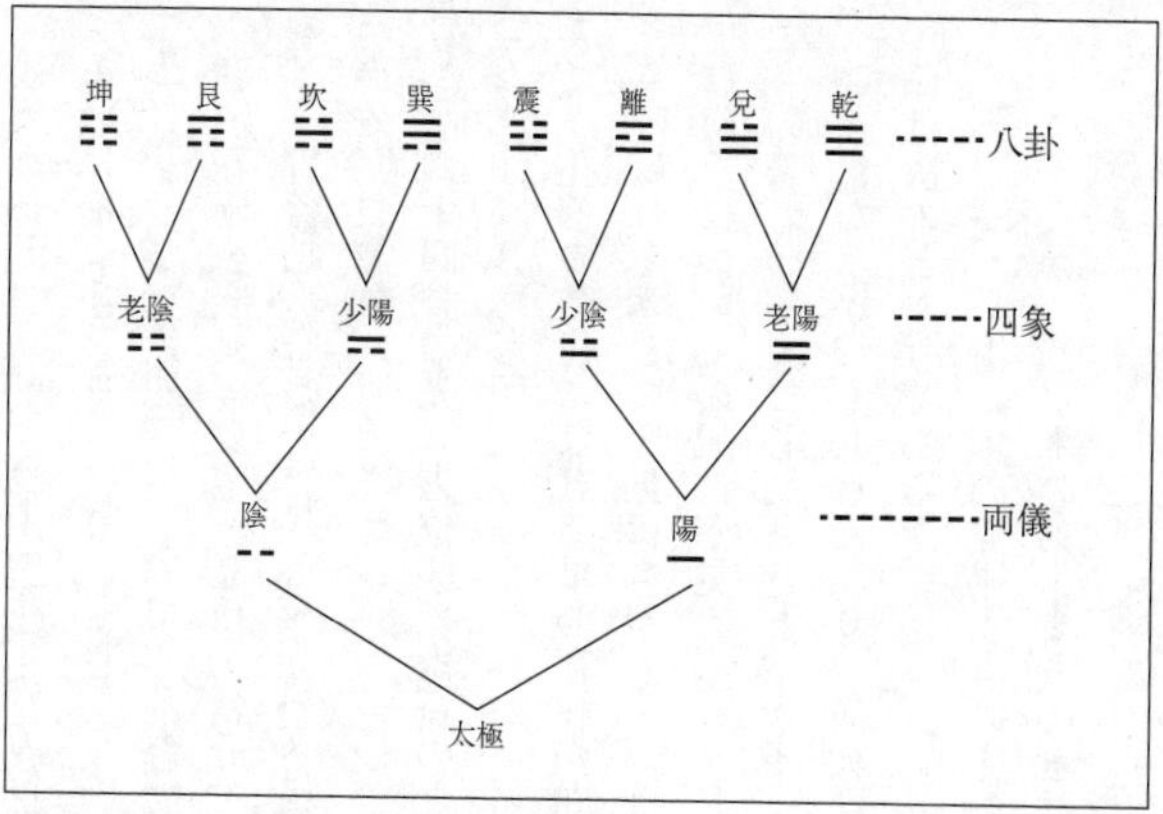

注２　太極・両儀・四象・八卦の関係

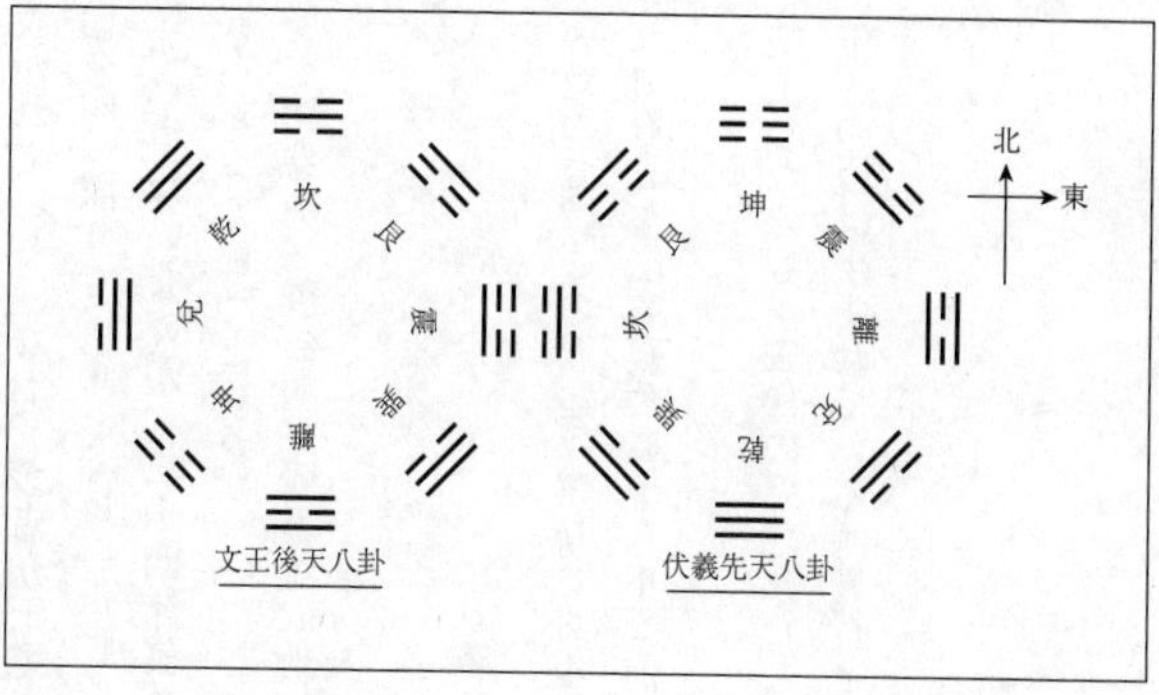

注３　八卦の方位への配当

後天八卦」（一五一頁下図左）の方位配当が説かれている。なお、著者が㈦で「蒸気あるいは海（vapour or the ocean）」といっているのは誤りで、正しくは「沢《たく》」である。

（4）「八つの季節」について『易経』は特に述べてはいないが、二十四節気のうち立春・春分・立夏・夏至・立秋・秋分・立冬・冬至を「八節」という。

（5）『易経』説卦伝に見える。原文は「乾為馬、坤為牛、震為龍、巽為雞、坎為豕、離為雉、艮為狗、兌為羊」。

（6）六十四卦の先天方位図は次頁のとおりである。

（7）注（3）参照。

（8）孔子の時代には五惑星の存在が知られていたので、この記述は誤りである。歳星とも呼ばれる木星の発見はもっともおそく、それでも『左伝』襄公二十八年（前五四五）に歳星についての記述が見える。

（9）著者の解説にしたがうと、十干十二支を創出したのも「宋代の思想家たち」ということになるが、もちろん誤り。漢代にすでに干支の説は生まれている。五行と十干の関係は次のとおりである。

木　甲（木の兄→きのえ）
　　乙（木の弟→きのと）

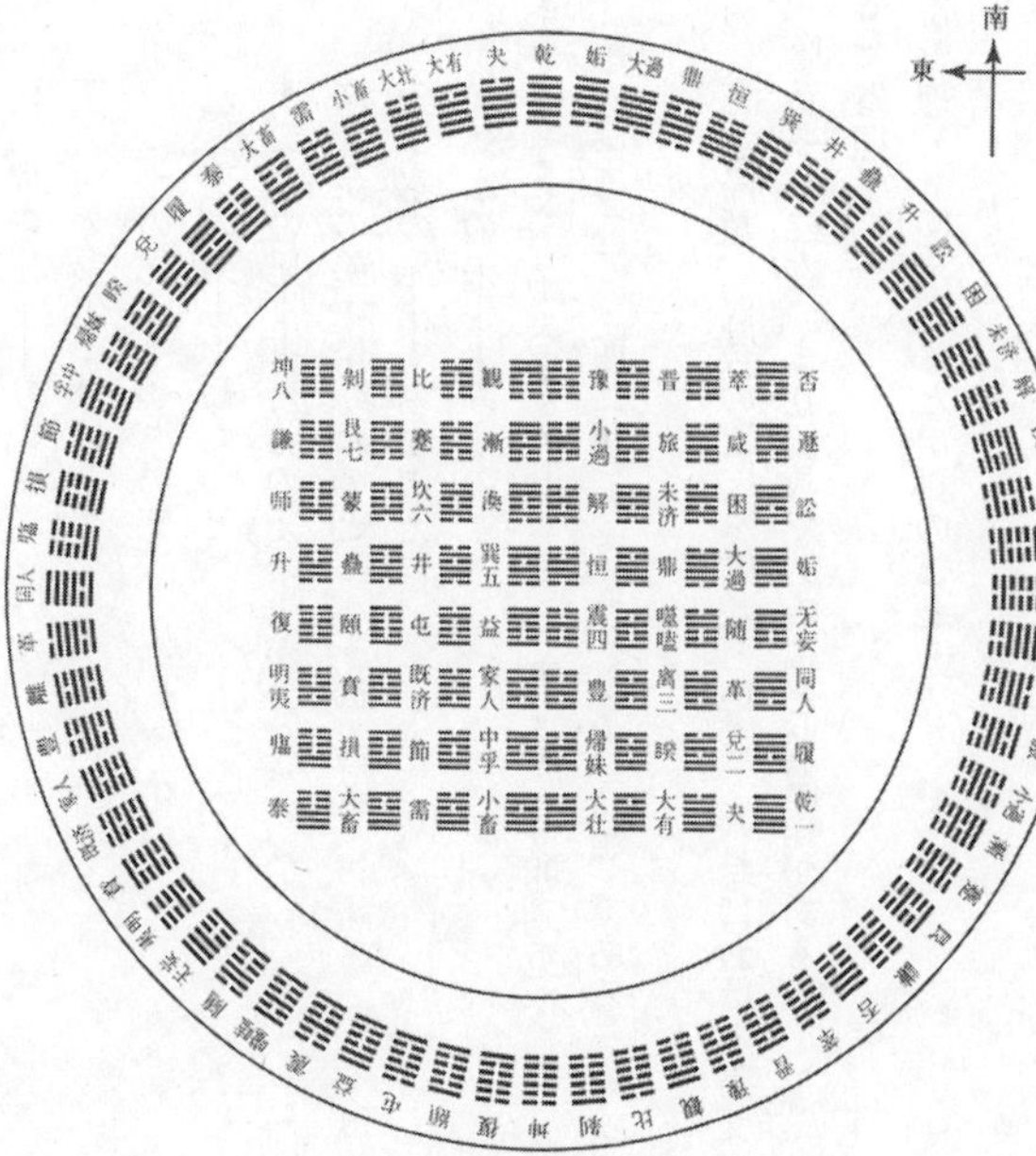

注6　六十四卦の先天方位図

火　丙（火の兄→ひのえ）
　　丁（火の弟→ひのと）
土　戊（土の兄→つちのえ）
　　己（土の弟→つちのと）
金　庚（金の兄→かねのえ→かのえ）
　　辛（金の弟→かねのと→かのと）
水　壬（水の兄→みずのえ）
　　癸（水の弟→みずのと）

(10) いうまでもなく、子《し》（鼠）・丑《ちゅう》（牛）・寅《いん》（虎）・卯《ぼう》（兎）・辰《しん》（龍）・巳《し》（蛇）・午《ご》（馬）・未《び》（羊）・申《しん》（猴）・酉《ゆう》（鶏）・戌《じゅつ》（狗）・亥《がい》（猪）である（カッコ内は、対応する動物）。

(11) 奇数のことを陽数、偶数のことを陰数という。八卦における陽爻⚊は一本つまり奇数であり、陰爻⚋は二本つまり偶数であることと関係がある。

(12) 注（9）参照。

(13) 以上を整理して図示すると次頁のごとし。

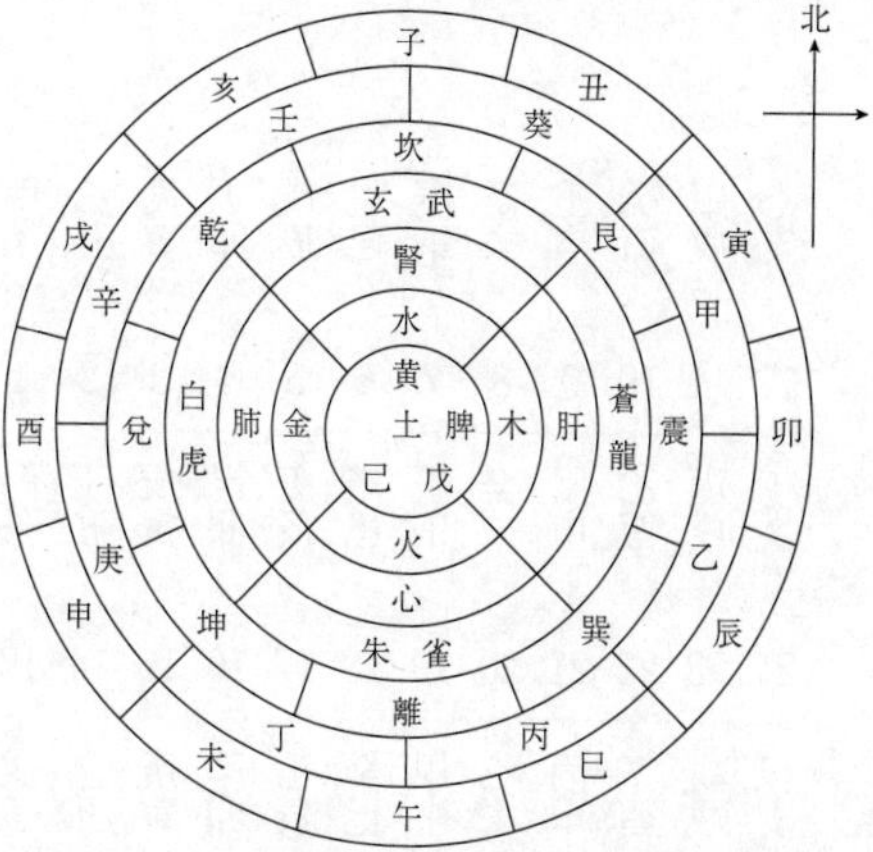

十二支・十干・八卦・四獣・五行の方位配当

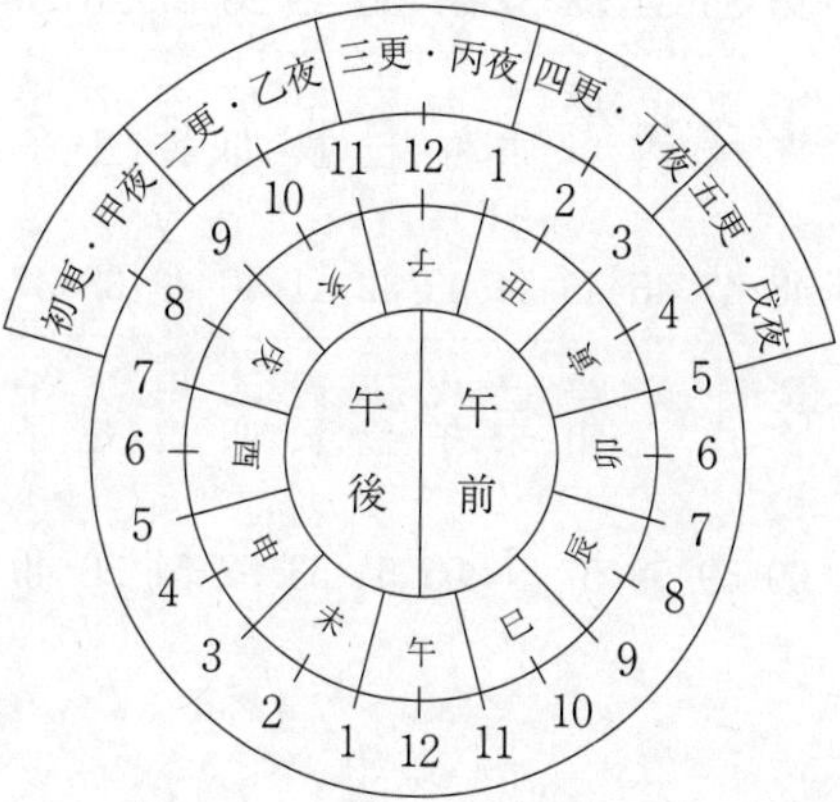

時刻と十二支

(14) これも一覧すると次のごとし。

甲子 1	丙子 13	戊子 25	庚子 37	壬子 49
乙丑 2	丁丑 14	己丑 26	辛丑 38	癸丑 50
丙寅 3	戊寅 15	庚寅 27	壬寅 39	甲寅 51
丁卯 4	己卯 16	辛卯 28	癸卯 40	乙卯 52
戊辰 5	庚辰 17	壬辰 29	甲辰 41	丙辰 53
己巳 6	辛巳 18	癸巳 30	乙巳 42	丁巳 54
庚午 7	壬午 19	甲午 31	丙午 43	戊午 55
辛未 8	癸未 20	乙未 32	丁未 44	己未 56
壬申 9	甲申 21	丙申 33	戊申 45	庚申 57
癸酉 10	乙酉 22	丁酉 34	己酉 46	辛酉 58
甲戌 11	丙戌 23	戊戌 35	庚戌 47	壬戌 59
乙亥 12	丁亥 24	己亥 36	辛亥 48	癸亥 60

六十年で一周するので「還暦」という。また、満六十歳（数え六十一歳）を「華甲」と称するのは、「華」の字が「十」字六つと「一」字一つから成り、「甲」は「甲子」の略

だからである。

(15) 中国人がヨーロッパ人に先がけて磁針を発明し、実際に使用していたことについては、ジョゼフ・ニーダム『中国の科学と文明』第七巻「物理学」(邦訳新版は一九九一、思索社)二七九〜四〇一頁に詳しい解説がある。同じくニーダム『東と西の学者と工匠——中国科学技術史講演集』(山田慶児訳。一九七七、河出書房新社)下所収「航海用羅針盤の発達にたいする中国の貢献」参照。

(16) 以下の著者の説明は、実際の羅盤の写真か図なしには理解不可能である。訳者(中野)も一個を所蔵しているが、現代中国で製造のものとて、やや簡略である(B羅盤)。ニーダム『中国の科学と文明』第七巻「物理学」所載のケンブリッジ、ウィップル科学史博物館蔵のもの(A羅盤)は、二十四層の同心円から成り、アイテルが以下の解説に用いたものより複雑である。いずれにしても写真では不鮮明な点が多いので、十四層と簡略ながら、羅盤図をも併用することにする。これは、王其亨主編『風水理論研究』(建築文化論叢。一九九二、天津大学出版社)所収の史箴「従辨方正位到指南針:古代堪輿家的偉大歴史貢献」図11による。なお、三浦國雄『風水——中国人のトポス』(平凡社ライブラリー。一九九五、平凡社)の表紙および三三七頁にも、三浦氏所蔵の羅盤の鮮明な写真が載っているが、様式がかなり異なるようなので、残念ながら援用できなかった。本書第四版にも羅盤図が見え、それはあるいはアイテル将来のものの書きおこしかもしれないが、誤記が多く使用に堪えない。何暁昕『風水探源――中国風水の歴史と実際』（三浦國雄監訳・宮崎順子訳。一九九五、人文書院）二四八～二五一頁に見える羅盤の写真が鮮明であるので参照されたい。もっとも羅盤には甚だしい地方差がある。いずれにせよ、訳者にとっても、羅盤とはチンプンカンプンのしろものなのである。

(17) 二十八宿の配置については、三五頁の「二十八宿・十二支・八卦・九曜・四神対照図」参照。B羅盤のたとえば「角十三」とは「角宿十三度」ということ。ただし度数はすべて概数。

(18) B羅盤の外から二つ目の円周上に○や×が見えるであろう。これが吉凶を示している。

(19) B羅盤の外から三つ目の円周上に、一欄おきに「一・三・五・……・十七（・十九）」がくり返されている。

(20) B羅盤の外から四つ目の円周上。「木が左右を火に挟まれているところ」はほかにもあるので、この説明では意味不明。

(21) B羅盤の外から五つ目の円周上。庚午・壬午・甲午・丙午・戊午といった十二支のまとまりによる十干グループは十二個できる道理であるが、著者はなぜか「十三」とするので訂正しておく。

(22) 著者は「十三グループのうち八グループは、五行が生み出す完全な順序」としているが、訳者がB羅盤で確認したところでは、「十二グループのうち一グループだけが五行のすべてを含み」、あとは「一グループ内に特定の要素を二つずつ含み、四要素で構成されている（火・金・木・火・水のように）」。羅盤によりこのような相違が出てくるかどうか不明。

(23) このあたり、著者・訳者の用いた羅盤のちがいにより、確認不可能。

(24) B羅盤の外から七つ目と九つ目の円周上にあり、子・癸・丑・艮・寅・甲・卯・乙・辰・巽・巳・丙・午・丁・未・坤・申・庚・酉・辛・戌・乾・亥・壬と、十二支、十干のうちの八つ、八卦のうちの四卦が並んでいる。

(25) 羅経図の外から五つ目の円周上に数字をしるしてあるのが認められるが、著者のいうところと全く一致しない。

(26) B羅盤の内から（中心の天池を含めて）六つ目の円周上。羅経図なら外から六つ目の円周上。

(27) 著者がいう（1）は、羅経図の内から五つ目の円周上の星座のこと（B羅盤にはなし）。しかし、ここでは要するに十二支のことなので、㈠㈡㈢は注（24）にしるしたものと同じ。

(28) B羅盤の内から四つ目の円周上。

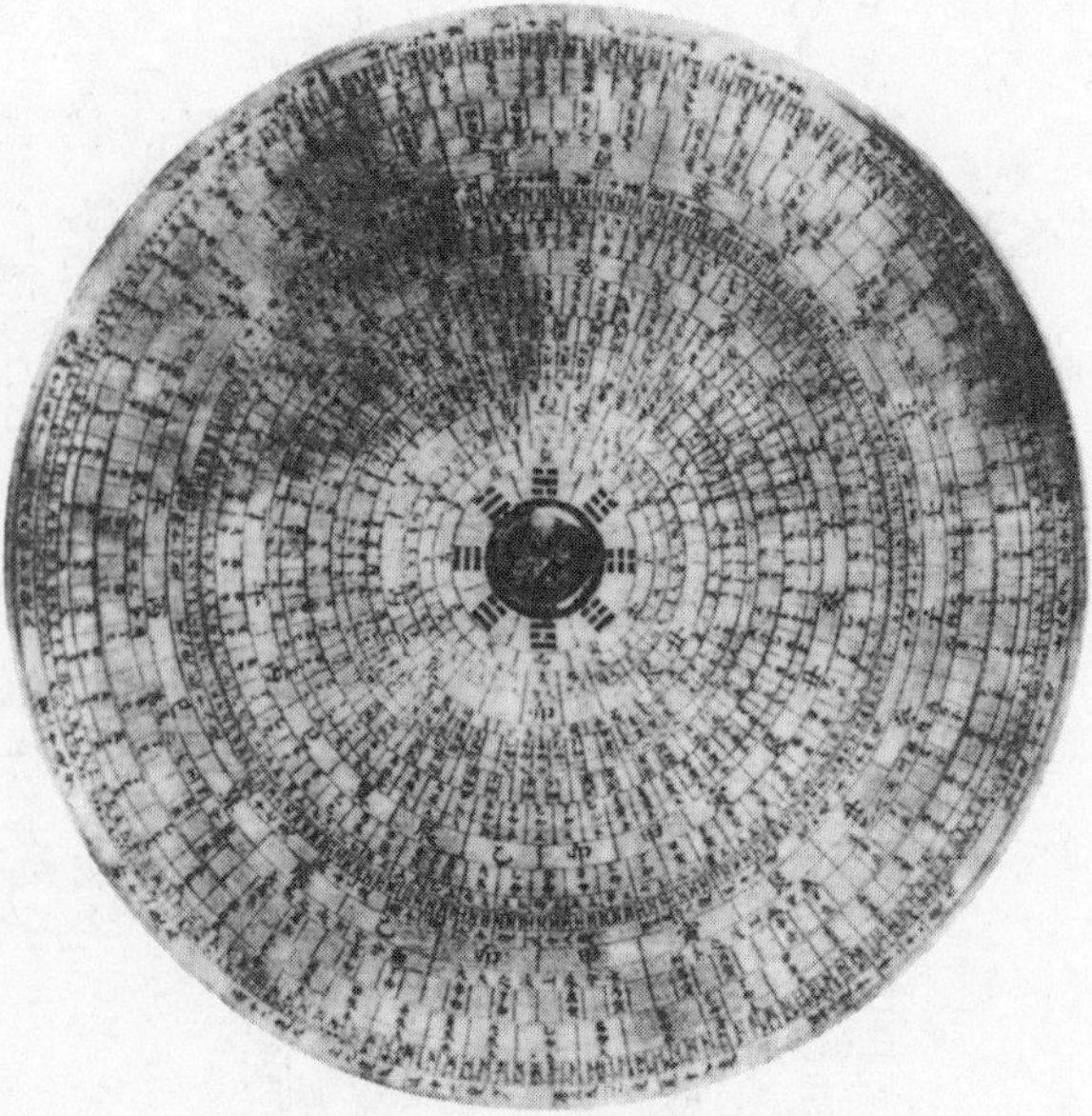

A 羅盤（ウィップル科学史博物館蔵）

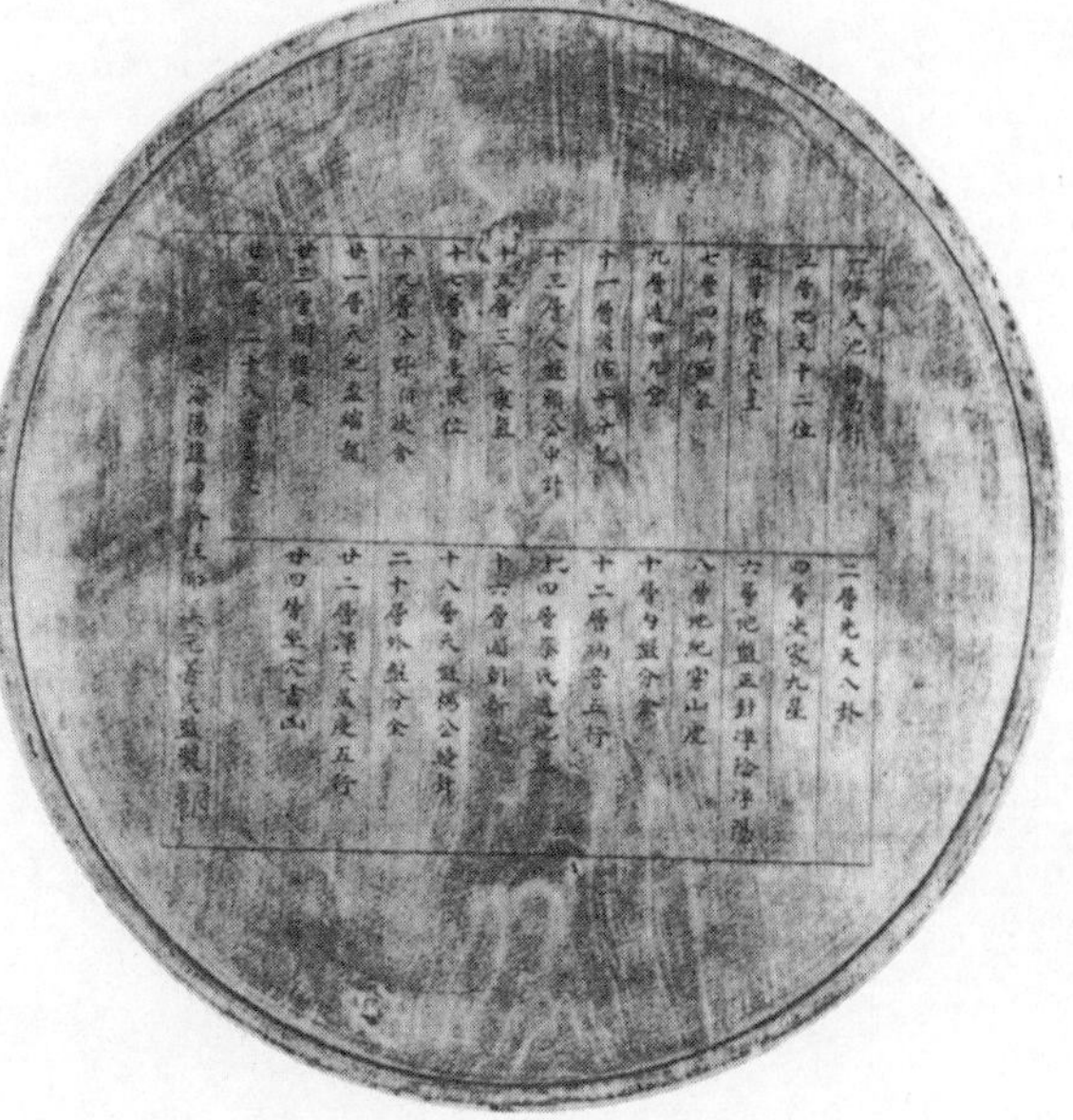

A 羅盤裏面

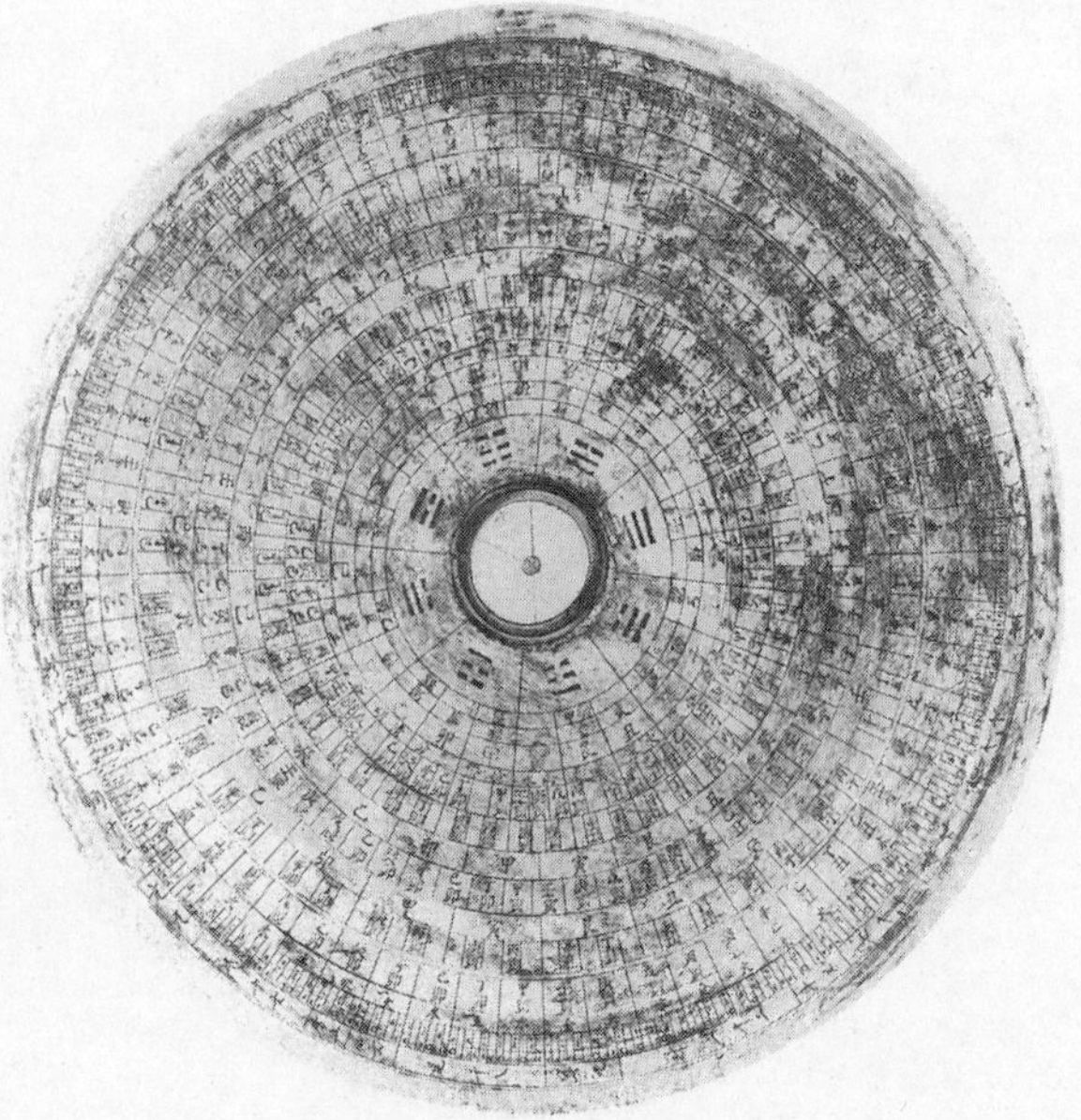

B 羅盤（中野蔵）

(29) この順序もB羅盤のそれ（注(24)参照）と著しく異なる。

(30) 清末もぎりぎりの光緒三十四年（一九〇八）に書かれた嘿生《もくせい》の小説『玉仏縁』には、風水先生（風水師）が羅盤をもてあそび、地主と結託して王道宗なる男から大金を巻きあげるというエピソードが載っているが、似たような事例は山ほどあった。

【第四章】

(1) 直線が「凶の兆候」であるというのは、中国絵画の面からも証明できる。定規を使って建物などをキチンと直線的に描く技法は「界画」と呼ばれ、山水画においては低く評価された。しかし、「界画」が仙宮など非在のトポスを描くのに有効であったことについては、拙著『龍の住むランドスケープ——中国人の空間デザイン』（一九九一、福武書店）I-7「界画美術館」参照。

(2) 太平山とは山の名ではなく、旧ヴィクトリア市の上環（ウェスタン・ディストリクト）のクイーンズ＝ロード＝ウェストからさらにヴィクトリア・ピーク寄りの地区の名。イギリス人はUpper Levelsと呼ぶことが多かった。*A Gazetteer of Place Names in Hong Kong, Kowloon and the New Territories* (Hong Kong: The Government Press, 1960) による。警察本部があるので、湾仔の近くの邪悪な岩が、イギリス人居住区ないしイギリス人の香港支配の中心地である太平山の悪徳の根源であると中国人が迷信的に思ったのも当然だった。

(3) 著者のいう"The Heights"は、おそらく旧広州城を眼下に見おろす粤秀山であろう。その頂きには明初に建てられた「五層楼」があり、いまでは「鎮海楼」と呼ばれている。「海上よりこれを望めば、あたかも蛟蜃の気あるがごとし」(『広東新語』巻十七)といわれた。村落などの自然景観において凶の「気」が侵入してくる可能性のあるところには、塔を建ててその侵入を防ぐことがあった。これを風水塔という。この「鎮海楼」も風水塔の一種だったのではなかろうか。

(4) 大門(表門)の正面に悪い「気」が侵入せぬように装飾を兼ね壁を設けることがある。これを「影壁」または「照壁」という。大門をくぐっての正面に設けることもある。

(5) 中国の建物の屋根の降り棟に龍や宗教的人物像などが置かれることが多いが、それを指している。沖縄の獅子《シーサー》も同じ。

【第五章】

(1) 山頂のかたちと五惑星の関係については、第二章注(11)に挙げた図を参照。

(2) 香港島の最高峰は、いうまでもなくヴィクトリア・ピーク(中国名は扯旗山)で、標高五五三メートル。その麓の太平山は、正しくは地域名であるが(第4章注(2)参照)、著者は中国人に倣《なら》って一つの山名としている。

（3）北斗九星と山頂のかたちの関係についても、第二章注（11）参照。

【第六章】

（1）著者のこの見解は必ずしも正くはない。殷周時代には、墓に盛り土する習慣は一切なかった。『易経』繋辞伝下に、「古之葬者、厚衣之以薪、蔵之中野、不封不樹（昔は人を葬るのに、薪を厚く死者に衣《き》せて野原に蔵《しま》っただけで、そこに盛り土したり木を樹《う》えたりはしなかった）」と見える。春秋時代の末期、孔子が父母を葬うにあたって「古也墓而不墳（昔は墓をつくっても盛り土しなかった）」といったと伝えられる（『礼記』檀弓上）ので、孔子の時代にはすでに「墳（盛り土）」をしていたことがわかる。戦国時代になると墳丘墓が普及し、それとともに、墓を意味する名称も多様になった。「丘墓」「墳墓」「冢墓」いずれも高く盛り土した墓のことである。また諸侯の墓を「陵」と称したが、秦始皇帝に至り、みずからの墓のことを「山」と称した。皇帝の墓だけを「陵」と称するようになったのは漢以後のことである。

（2）『礼記』礼運に「死者北首、生者南郷（死者は頭を北にし、生者は南を向く）」と見える。注釈者というのは、漢の鄭玄《じょうげん》による「注」と唐の孔穎達《くようだつ》による「疏《そ》」のことであるが、「疏」によると、人が死ねば魄《はく》が地に降って陰となるので、死者は頭を北にして陰に帰せしむるのだという。北が陰の方向であることを前提としての説明であるが、

『礼記』のこの条りの説明は、著者の理解と少しくズレていることに注意。

（3）『礼記』檀弓上に引かれた子夏の言葉に、かつて夫子《ふうし》（孔子）が盛り土した墓の形態を四つに分類し、そのうちのもっとも素朴な形態（馬鬣封）のみに賛意を示したむね見える。ここの著者の見解は、やや過激だといえよう。

（4）『易経』繋辞伝上に「仰以観於天文、俯以察於地理。是故知幽明之故、原始反終、故知死生之説（仰いでもって天文を観、俯してもって地理を察す。是《こ》の故《ゆえ》に幽明の故《わけ》を知る。始を原《たず》ね終に反《かえ》る、故に死生の説を知る）」と見える。なお、「地理」とは、「地の理《みちすじ》」「地脈」の意であるから、「地勢」と解してよい。geography に近代的「地理学」の意とともに「地勢」の意があるのと、それは合致する。ただし、「地理」の語は宋代以後は「風水」と同義になった。「地理先生」「地理家」といえば、風水師のことである。

（5）孔子は父母を合葬するとき（注（1）参照）、今制にしたがい四尺の盛り土をしてから先に帰った。そのあと雨がひどくなってから、門人が帰ってきたので、孔子が「どうしてこんなに遅くなったのか」とたずねると、門人たちは「お墓が崩れたから修復してきたのです」といった。孔子は黙っていたが、やがて涙を流しながら「昔は墓の修理などしなかったものだ」といったという。『礼記』檀弓上に見えるエピソードである。つまり、昔は修理などしなくともすむように、しっかり盛り土をしたものなのに、いまは雨ですぐ崩れて修理しなければならないぐらい、いいかげんなつくりかたをしていると嘆いているのである。したがって、このエピソードによって孔子を「風水的な迷信に捉われていなかった」とみなすことはできない。

(6) 樗里子は戦国時代の秦の恵王(前三三七〜前三〇九在位)の弟で名を疾《しつ》といった。樗里(いまの陝西省渭南)に住んでいたので樗里子と呼ばれた。滑稽多智だったので「智嚢」とも呼ばれた。『史記』七十一「樗里子列伝」に、自分の墓地えらびのエピソードが見えるが、その約百年後に樗里子の予言が的中し、子孫の嬴政《えいせい》が天下を統一し、みずから始皇帝を称するに至った(前二二一)。

(7) 劉向は前漢末の大学者で、『説苑《ぜいえん》』『新序』『列仙伝』などの著作をもって知られる。このエピソードは『漢書』三十六「劉向伝」に見える。墓の姿がこのようなので、「王氏と劉氏(漢の皇帝一族の姓)とは並び立たず」とあるがために、前漢末の平帝を殺し孺子嬰を立ててから皇位を簒奪し「新」(後九〜二五)を興した王莽《おうもう》のことがただちに連想されるが、この「王氏」が王莽の先祖であるという確証はない。

(8) 漢・隋・唐の書籍目録に『宅経』の記載ありと著者はいうが、その事実はない。ただ『隋書経籍志』に『宅吉凶論』三巻・『相宅図』八巻・『黄帝葬山図』四巻などの書名が見え、『旧唐書経籍志』に『五姓宅経』二巻などと見えることから、現行の『黄帝宅経』は唐代あるいは唐代以後の成立かと思われる。

(9) 現行『黄帝宅経』に「二十四路」の図が載っているが、徒《いたず》らに煩瑣にわたるので省略する。

(10) このエピソードは『後漢書』袁安伝に見える。

(11) 『三国志』魏志・方伎伝に見える。「白虎が遺骸を……」の条りの全文は、「玄武蔵頭、蒼龍無足、白虎銜屍、朱雀悲哭、四危以備、法当滅族。不過二載、其応至矣(玄武は頭を隠し、蒼龍には足がなく、白虎は遺骸を銜え、朱雀は悲哭している。四つの凶兆ことごとく見られるということは、一族が滅亡するという意味だ。二年たたぬうちに、そのとおりになった)」。

(12) 著者は Nakchatras としるすが、正しくは naksatra で、恒星のこと。ヒンドゥー教ではなく、ジャイナ教徒の思想では三十六の恒星があるとされた。

(13) 中国における二十八宿の体系は、仏教伝来のはるか以前の、前四世紀『星経』のころには確率していたのでこの記述は誤りである。

(14) 中国への仏教伝来は、後漢の明帝(後五八～七五在位)の時代とされる。洛陽に中国最初の仏教寺院である白馬寺が建立されたのは永平十一年(後六八)であった。

(15) 郭璞(二七六～三二四)は河東聞喜(現山西省)の人。『山海経《せんがいきょう》』『穆天子伝《ぼくてんしでん》』『爾《じ》雅《が》』『方言』など重要な古書に注した学者として、今日のわれわれも恩恵を蒙っているので有名である。詩人としてもすぐれ、「遊仙詩」十四首や『文選』に収録されている

「江賦」などが現存している。東晋の元帝に重用されたが、大将軍の王敦の陰謀により殺害された。

(16) 新旧『唐書経籍志』に、『葬書地脈経』なる書名が見える。また『宋史芸文志』に郭璞『葬書』と見える。

(17) 各正史にある「五行志」のこと。

(18) 隋の文帝(五八一～六〇四在位)は、皇后が仁寿二年(六〇二)に崩じたとき、占卜家の蕭吉《しょうきつ》に墓所を卜択《ぼくたく》させた。蕭吉はあちこち卜したあげく、とあるところで「ここなら、陛下の隋朝は二千年、陛下のご子孫は二百代つづきましょう」といった。すると文帝は、「吉凶というものは人次第であって土地次第ではないぞ。わが墓田を見るがい い。あそこが吉ならずというのなら、朕は天下を取ることができなかったはずだぞ。またもし凶ならずというのなら、朕の弟が戦死することなどなかったはずだぞ」といった。それでも結局は蕭吉の言にしたがった。『隋書』巻七十八「蕭吉列伝」にいえる。なお、蕭吉は梁武帝(五〇二～五四九在位。姓名は蕭衍)の兄の子孫にあたる。

(19) 著者はこの名のローマ字をYang-Kwan-tsungとするが、正しくはYang Yuen-sung(筠を管に誤る?)。楊筠松は、晩唐の僖宗(八七四～八八八在位)のとき金紫光禄大夫にまでなった人物。黄巣の乱で黄巣が長安に入城したとき(八八〇)官を辞して昆侖山に入り、地相家として余生を送り救貧仙人と呼ばれたという。

注2　『広東沿海図』(1898) 部分

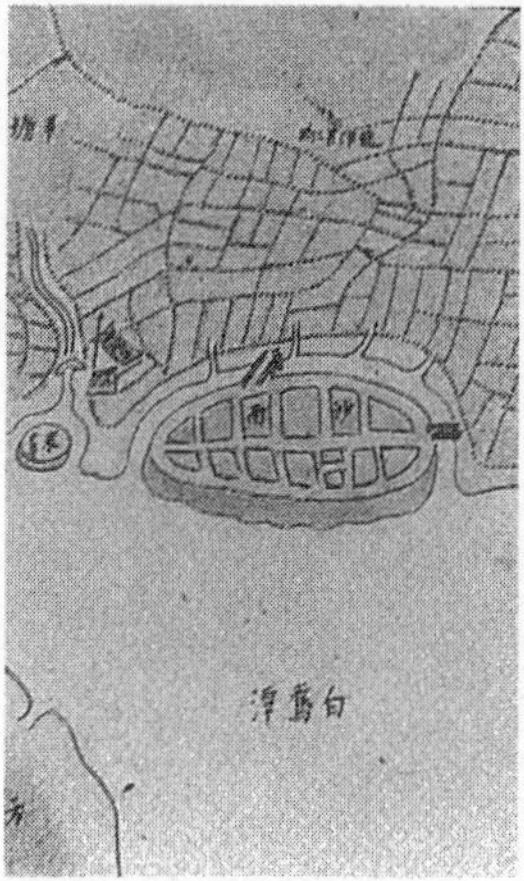

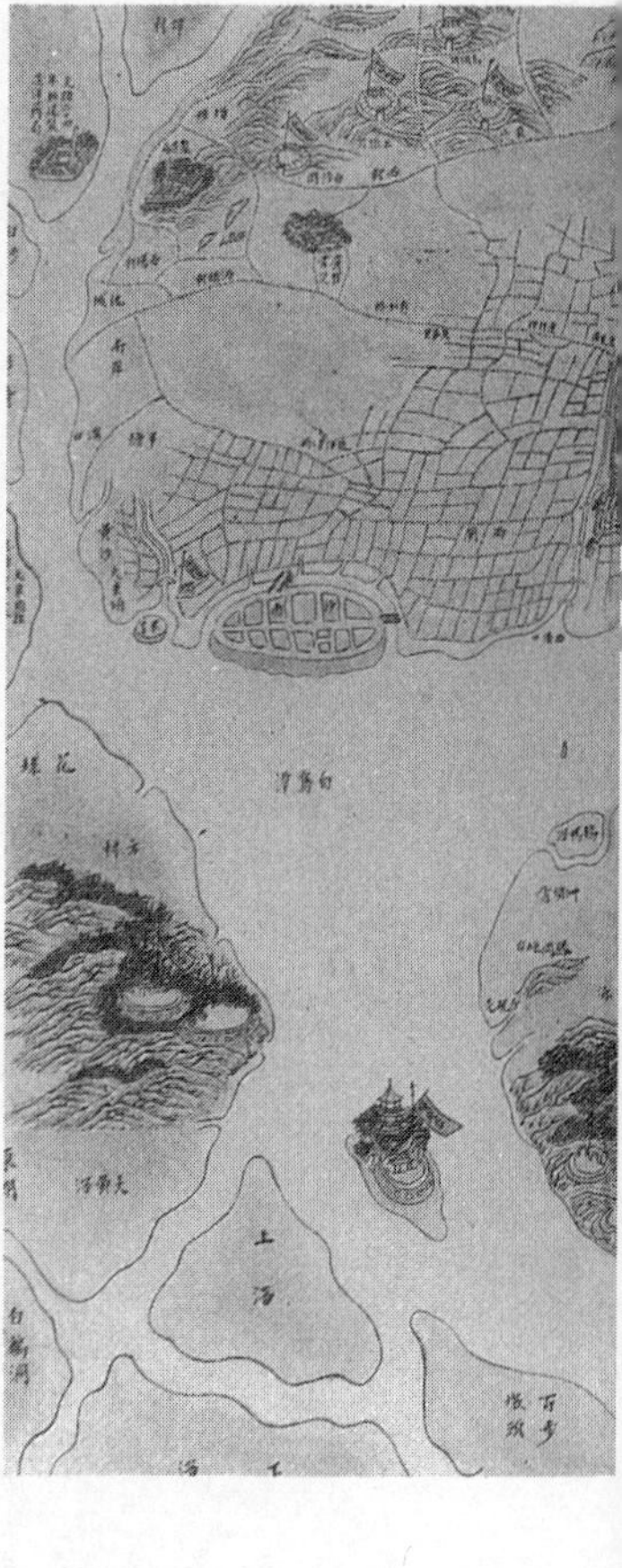

沙洲上の沙面

(20) 濂渓は周敦頤《とんい》(第一章注(11)参照)の号。弟子に二程(程顥・程頤の兄弟)がいる。

(21) 王伋の先祖は開封人であるが、父が事に連坐して江西に謫せられた。王伋も科挙試験に失敗して諸国を放浪したのち福建の松源(福建西端の永定に近いが、広南東路東端の梅州に属す)に落ちつき風水で身を立てた。正確な時代は不明だが、南宋人であることはまちがいない。

【第七章】

(1) 清朝治下の十八省とは、直隷・江蘇・安徽・山西・山東・河南・陝西・甘粛・浙江・江西・湖北・湖南・四川・福建・広東・広西・雲南・貴州である。のち、これに奉天・吉林・黒龍江・新疆を加えて二十二省ということもある。

(2) 広州の西南の珠江ぞいの沙洲上の沙面は、なるほどいかにも風水的に最悪といえる。『広東沿海図』(一八九八)(部分)参照。現大連図書館蔵。『中国古代地図集』清代(一九九七、文物出版社)による。

(3) William Wordsworth (1770~1850) の *Miscellaneous Sonnets*, XXXIV の五~八行目――

To the solid ground

Of nature trusts the Mind that builds for aye;
Convinced that there, there only, she can lay
Secure foundations.

この前半が、著者アイテルによって、結びとして引用されている。この五〜八行目の大意は、「永遠に築きつづける精神は、自然の堅固な基盤を信じて身を任せる。そこに、そこにのみ、精神は揺らぐことのない礎を据えることができると確信して」ということである。『対訳 ワーズワス詩集――イギリス詩人選(3)』(岩波文庫、一九九八)の編者である山内久明氏のご教示による。記して山内氏に謝意を表したい。

訳者解説　中野美代子

エルンスト・ヨハン・アイテル Ernest Johann Eitel は、一八三八年ドイツ西南部の小さなまちエスンゲンで生まれた(1)。シュトゥットガルトの隣りまちである。両親のことや幼児期のことなど、いっさい不明である。

十八歳にてチュービンゲン大学に入学、四年で卒業するやただちに教会に配属されたが、アジアでの布教活動を志し、バーゼル伝道会に入会、一八六二年に香港に到着した。二十四歳である。

九龍《カオルーン》半島のつけ根にあたる新安県が、彼の任地だった。いまの深圳《しんせん》のすぐ西、珠江口にのぞんだ客家《ハッカ》居住区である。そこで伝道活動をしているうちに、バーゼル伝道会から脱退しなければならない事件がおこった。彼と同時期に香港に来て女学校の舎監をしていたイギリス人女性M・イートン嬢と結婚したいと申し入れたところ、バーゼル伝道会に拒否されたからである。

アイテルはただちにロンドン伝道協会に入会した。ロンドン伝道協会は一七九二年に設立されたプロテスタント系伝道会で、一八〇五年にロバート・モリソンを中国に送りこんだ。モリソンは新旧約聖書の中国語訳を果たし、一八一八年にマラッカに英華書院を設立したが、そのマラッカで生まれた彼の次男ジョン・ロバート・モリソンは、イギリス貿易監督庁の通訳官として、アヘン戦争後の南京条約締結にあたって活躍したことで有名である。

さて、ロンドン伝道協会に入会し、めでたくイートン嬢と結婚したアイテルは、これを機にイギリス国籍を取得したと思われる。したがって、香港のイギリス人社会では、アーネスト・アイテルと呼ばれていたかもしれない。この「転身」に際しては、ジェームズ・レッグの多大な援助があったが、レッグは、あとで述べるように欧米におけるシナ学の草分けとして、中国古典たとえば「四書五経」の最初の英訳をなしとげた人物であるから、アイテルへの影響も少なからぬものがあった。

バーゼル伝道会時代も客家《ハッカ》居住区で伝道活動をしていたアイテルは、ロンドン伝道協会に入ってからも、客家語を学ぶためにふたたび客家居住区に派遣された。

アイテルがバーゼル伝道会を脱退した一八六四年、太平天国は滅亡したが、その母体である拝上帝教を一八四三年に創始した洪秀全は広東省花県の客家の出身であった。拝上帝教とは、基本的にはキリスト教を主軸としていたが、一八五二年の「北伐」開始、五三年の南京占領という事態を重視したイギリスをはじめとする列強軍は、これを攻撃し滅亡に至らしめた。しかし、太平天国の思想は広東・広西の客家人にひろく浸透していたし、それゆえに、欧米宣教師たちの布教活動も客家の人びとに的をしぼりやすかったのである。じっさい、この時期、客家人のキリスト教普及率はもっとも高かった。客家人のアイデンティティは、広東・広西の「本地人」との敵対関係において、キリスト教にそのよりどころを求めつつ確立されたともいえるであろう[2]。

アイテルの客家研究は、一八七〇年に出版された二著 *Ethnographical Sketch of Hakka People* および *An Outline History of Hakka* として結実した。そして一八七一年には、これにより母校チュービンゲン大学から哲学博士の学位を得た。

一八七三年、香港政庁はアイテルを学校教科書委員会の委員長に任命した。また七八年には、広東語のできる官僚を選抜するための試験委員会の委員にも任じられた。

アイテルは、七七年に *A Chinese Dictionary in Cantonese Dialect* の第一部を出版していた（第二部は一八七八年、第三部は一八八五年刊）ので、その業績が認められたのであろう。以後のアイテルは、香港政庁下の教育行政官としてのポストがつづく。とりあえず列挙すると——

公立学校視学官（一八七八）

通訳局長（一八七八）

視学官（一八七九）

一八九七年、アイテルはこれらの官を辞し、オーストラリアのアデレードに行った。そこで聖ステファン・ルーテル教会の主席牧師になるかたわら、アデレード大学でドイツ語ドイツ文学の講師をもつとめた。

一九〇八年、アイテルはアデレードにて死去、七十歳であった。

アイテルの著作は多い。さきに挙げたもののほかに、香港の歴史については——

Europe in China: The History of Hong Kong from the Beginning to the year 1882 (Hong Kong: Kelly & Walsh, 1895)

中国仏教については——

Handbook for the Student of Chinese Buddhism (1870)

The Three Lectures on Buddhism (1871)

Handbook of Chinese Buddhism, Being a Sanskrit-Chinese Dictionary with Vocabularies of Buddhist Terms in Pali, Sinhalese, Burmese, Tibetan, Mongolian, and Japanese (1888)

これらの業績について訳者は論評できる立場にはないが、ウィリアム・E・スートヒルがその著名な『漢英仏学大辞典』の序で高く評価していることを付記しておこう。(3)

翻訳もある。それがまた、難解をもって知られる『穆天子《ぼくてんし》伝《でん》』(4)だというから、おどろくほかはない。

翻訳といえば、アイテルがロンドン伝道協会に移籍するにあたって助力してくれたジェームズ・レッグは、一八四三年に香港に来てから七二年に帰国するまで、中国古典の翻訳に尽瘁した。『四書』（一八六一）・『易経《えききょう》』（一八六二）・『書経』（一八六五）・『竹書紀《ちくしょき》年《ねん》』（一八六五）・『詩経』（一八七一）・『春秋左氏伝』（一八七二）など。帰国後の一八七六年、オックスフォード大学に新設された中国語科の教授に招聘されたレッグは、ひきつづき中国古典の翻訳につとめ、『礼記《らいき》』（一八八五）・『法顕《ほっけん》伝』（一八八八六）・『道徳経』（一八九一）などを出版したほか、『孔子伝』（一八六七）・『孟子伝』（一八七五）などの著作もある。一八九七年、レッグはオックスフォード大学にて死去した。八十二歳。

レッグによる中国古典の英訳が欧米のシノロジストたちに裨益したところ、いかに大きかったかは、ごく近年の学者でさえ、中国古典の引用にあたってレッグ訳を用いるのが多いことでもわかるであろう。当然のことながら、レッグ訳の誤りを踏襲してしまうのだが、しかし、日本の中国学者が、中国古典を翻訳すべく本格的にとり組みはじめたのは、じつに二十世紀後半になってからのことであることを思えば、レッグの訳業がいかに偉大であったか、想像できようというものだ。日本人は、中国古典は訳さなくとも理解できるという、おそるべき誤解のうえに千年以上も胡坐していたのである。

アイテルの翻訳『穆天子伝』も、レッグ訳『竹書紀年』なしにはありえなかったであろうし、本書もまた、レッグ訳の『四書』『易経』『春秋左氏伝』などにおおいに負うていること、明らかである。さて、そこで本書について語ることとしよう。

本書は、Ernest J. Eitel, *Feng-shui: or The Rudiments of Natural Science in China* (London: Trübner & co., 1873) の全訳である。直訳すれば、『風水——中国における自然科学の原理』とでもなろうか。サブタイトルがあまりにも堅苦しいため、一九七三年の再版以降は *Feng-shui — The Science of Sacred Landscape in Old China*, with commentary by John Michell となっており、以来おびただしく版を重ねている。

本訳書では、あとで述べる本書のスコラ的な側面には目をつぶり、中国人の現世的および来世的欲望を満たす風水的ランドスケープの追求という意味で、「欲望のランドスケープ」をサブタイトルとした。

翻訳にあたっては、誤植の多い新版を避けて初版を底本とした。この初版本には、イラストレーションが皆無である。そこで、読者の理解に資するべく、随所に概念図や表を挿入した。また、新版に挿入されているトマス・アロームの銅版画を、訳者所蔵のそれによって挿入した。(5)

ところで、欧米による風水研究といえば、オランダのデ・ホロート『中国宗教制度』第三部第一二章『風水』が有名であり、すでに邦訳もあるのだが、(6) アイテルによる本書は、それに先立つこと約二十年であるから、これこそが欧米のみならず日本を含めての近代的な風水研究の嚆矢といえるのではなかろうか。これが、いまさら、本書を訳出した第一の意義である。

いま挙げたデ・ホロートは、「風水は、中国が中国である限り、そして中国人が中国人である限りは、中国にあって最高の支配を続けて行くであろう(7)」と断言した。これにたいして、訳者の牧尾良海氏は、「ホロートのこの断乎たる予言は、しかし見事にはずれた」とて、次のように述べる。

中国では、一九四五年の解放以後の革命の激動過程において、中国が中国であり、中国人が中国人であることを決してやめてはいないにかかわらず、風水は其の他の諸宗教と同然に精神の世界からは遠く離開され、風水は殊に迷信なりとして貶しめられ、今日では微塵もそうした気配すら見出せない。歴史の歩みはまことに巨大であり、非情であると思う。中国の凡ての山野・池塘・津浦の末端にまで浸みこんで、地上の人間の生に甚大なる影響を与えるものと信じられていた巨大な竜は、死んだのである(8)。

牧尾氏のこの認識も、しかし「見事にはずれた」。とはいえ、牧尾氏のこの邦訳が出たころの中国は、「迷信」排撃の一色に染めあげられており、「風水」など口にするのも憚られる状態であった。訳者が風水についてほんの少し言及した『中国の妖怪』においても、「これを学問的な研究の対象とする人はほとんどいない」とて、デ・ホロートのさきの書とステファン・フォーチヴァンを挙げるにとどまっている(9)。

一九八〇年代なかば、香港と日本において、「風水ブーム」のきっかけともいうべき事件があった。香港では、一九八六年四月に完成した香港上海銀行ビルが、その超近代的な外観・構造とは裏腹に、設計者のイギリス人建築家ノーマン・フォスター氏が風水師と会ってこと細かにアドヴァイスを受けていたという事実が、建築中から話題になった。その風水師がだれなのかはわからないが、香港の風水師たる林雲大師に学んだというアメリカのニューヨーク・タイムズ記者サラ・ロスバッハの著書も話題になった(10)。欧米における意外なる「風水ブーム」についてはあとで触れるけれども、ロスバッハのこの著書も火つけ役の一翼を担っているであろう。

日本では、荒俣宏氏の小説『帝都物語』(11)が映画化されたこともあって話題となった。

こうして、日本でも「風水」ということばが通俗的レベルにまでひろがりつつあったいっぽうで、これを学問的研究の対象とすべく、一九八九年に「全国風水研究者会議」が発足した。そのオルガナイザーのひとり渡邊欣雄氏の『風水思想と東アジア』および『風水　気の景観地理学』、同じくオルガナイザーのひとり三浦國雄氏の『中国人のトポス』および『気の中国文化』、さらに窪徳忠氏編の『沖縄の風水』、渡邊欣雄・三浦國雄両氏編の『風水論集』、牧尾良海氏の『風水思想論考』などがあい前後して刊行され[12]、本格的な研究の時代になったといえる。

中国や韓国の風水研究書の翻訳もあいついだが[13]、中国や台湾で近年おびただしい風水解説書となると、とてもフォローしきれない[14]。香港・台湾はともかくとして、一九八〇年代までは「迷信」として風水を排斥してきた中国における近年の「風水ブーム」は、例の「改革開放政策」による中国人の「発財《ファーツァイ》（金もうけ）思想」と深い関係があるであろう。

欧米における一種の「風水ブーム」についても、さきに触れたロスバッハと前後して、かなり通俗的レベルの解説書が数多く出たようである[15]。建物やら室内家具の配置やら、昨今日本の週刊誌に毎号のように登場する運勢占いの一環としての「実用的」風水に類する記述が多い。

さきに挙げたロスバッハの著書に見えるように、アメリカにも風水師がいて、家屋についての市民の相談に乗っているという。イギリスには、イギリス風水協会があり、風水を学んだイギリス人風水師たちがオフィスの改造などをアドヴァイスしているという。(16)

いやはや、中国や日本のみならず、いまや世界を席捲しているらしいこの「風水ブーム」は、例のオカルト・ブームの延長上にある一種の「世紀末」現象のひとつなのかもしれない。そのようなブームの渦中から一世紀以上も昔のアイテルによる本書を読むと、中国の古典から真摯にことばをたぐり寄せつつ、風水を中国的な自然科学(自然学と訳してもよい)であると規定しつつも、「自然を実際的に観察しようとはしなかった」がゆえに、「このままでは、崩壊し消滅するしかない運命であろう」と静かに語るその語り口こそ、貴重なものであろうと思われる。

「このままでは、崩壊し消滅するしかない運命であろう」というアイテルの結論は、さきに挙げたデ・ホロートの「中国が中国である限り、そして中国人が中国人である限りは、中国にあって最高の支配を続けて行くであろう」という結論と正反対である。今日のほぼ世界的な「風水ブーム」は、デ・ホロートの予言を支持しているかに見える。とはいえ、欧米における「風水ブーム」のなかには、風水理論にたいする真摯な再検討を志す建築家・都市環境プランナーたちの動きもあるのであり、そうした動きのなかでこそ、アイテルの本書が高く評価されつつあるということもまた、事実なのである。

中国の建築家たちも、本書を無視してはいない[17]。それというのも、アイテルが風水の迷信的な側面を否定し、その未来を否定しつつも、風水思想の根底に横たわる極度に思弁的な自然哲学について、冷静に、時にはいくばくかの敬意をもって語っているからである。

デ・ホロートもまた、風水思想の根底に横たわる原理の分析を怠ってはいない。しかし、彼の風水研究の出発は、あくまで中国人の墓葬をめぐる習俗《ジッテ》であり、その詳細を極める論証もまた墓葬へと収斂する。それは、デ・ホロートの『中国宗教制度』という膨大な著述の一部である以上まことに当然であった。

いっぽうアイテルはといえば、風水が自然科学（ないし自然学）かどうかを検証しようとして出発する。したがって、本書の随所に見られるように、墓地に限らず山水などの自然の外観についての興味ある示唆を数多く含むことになる。直線を忌み優美な曲線を好むという中国人の自然観に着目したところなど、中国の庭園の本質を直観したものであるとともに、十八世紀以降のイギリス人が志向したシノワズリの庭園をめぐる東西の大きな円環をものぞかせているであろう。

デ・ホロートも、香港や広東における風水をめぐる「現代」的な政治的な問題についてては、アイテルの観察や見解をそっくり引用しているが、それは墓地の問題のみに捉われなかったアイテルの冷静な分析のゆえであるといえよう。

今日の「風水ブーム」におけるあまりにも軽薄な、あまりにも「実利」的な側面を見るにつけても、風水を、「中国人の精神が自然科学の体系を求めてやみくもに手さぐりしたこと」と結論づけざるをえなかったアイテルの思索の深さを思わずにはいられない。これが本書を訳出した第二の意義である。

それでは、第三の意義は何か。読者も、たとえば第三章「羅盤の読みかた」でお気づきのように、五行・八卦・十干・十二支などといった記号の配列や組みあわせが、いかに抽象的かつスコラ的であることか。そして、その羅盤なるものが、いかに「実利《マースナリー》」的であることか。スコラ的にして、いっぽうで儲け主義的《マースナリー》であるという二面性は、疑いもなく中国人の特性である。

訳者の本業である例の『西遊記』は、一般に荒唐無稽なハチャメチャ小説であると解されている。しかし、この小説の訳者でもある訳者から見れば、『西遊記』もまた、極端なほどに記号の配列や組みあわせに執した、それゆえに、スコラ的論理に貫かれた小説なのである。見かけと実態の乖離という点では、羅盤も『西遊記』も同断である。

アイテルによる本書は、このことをよくよく認識させてくれるのではあるまいか。アイテルが「むすび」の章でためらいつつ、しかし断乎として述べる「風水とは、賢い母親の愚かな娘である」ということばは、けっして中国人にたいする侮蔑を含んではいない。「愚かな娘」の「実利《マースナリー》」的な側面にのみ目を奪われている今日の「風水ブーム」は、アイテルのいう「賢い母親」のスコラ的側面に、もっとおどろくべきなのである。

近年の欧米におけるアイテル再評価の動きは、おそらくアイテルの冷静な分析が示してくれた「賢い母親」へのおどろきに発するであろう。地味な本書ではあるが、日本の読者諸子もまたこのおどろきを共有されんこと、訳者として切望する次第である。

＊

風水の専門家でもないのに風水に関心をもちはじめたのは、中国の山水画や庭園を理解するのに不可欠な思想であると思ったからだった。そこで内外の関連書を気づいた範囲内で買いあつめてはいたものの、一向に身につかぬまま、しかし世のなかは、けっこうな「風水ブーム」になっていた。

青土社編集部の中島郁さんと雑談でそんなことを話しているうち、談たまたま本書におよぶや、中島さんはたちまち動きはじめた。放置しておくと何もしないと知っている中島さんは、共訳者に中島健氏をえらび、堅実な訳文の第一稿を送ってきたものである！ こうして優しい彼女に緊縛された私は、ツンドクの山に眠っていたアイテルと向かいあうことになった。

一九六八年の年頭のある時期、それまで三年近く勤務していたオーストラリア国立大学を辞しての帰国の途次、暇をもてあまして香港でごろごろしていたが、客家《ハッカ》研究で高名な羅香林教授にもお会いした。そのときいただいた同教授の英文書『香港と西洋文化』を久しぶりにひっぱり出してみたところ、なんと！ アイテルについての詳しい記述もあるではないか。写真まであった！　とっつきにくい、しかしまじめなアイテルの文章も、これでかなり親《ちか》しいものになった。中島郁さんとの雑談から、それでも四年はたっていた。中島郁さんおよび共訳者の中島健氏に心からの謝意を捧げたい。

訳注・解説でしばしばそのご著書を挙げた風水研究の第一人者である大阪市立大学教授・三浦國雄氏にも文献捜集につきご教示をいただいた。せっかくのご教示を、しろうとゆえに生かしきれなかったことを懼れつつ、厚く御礼を申しあげる。

かつての教え子諸君にも多大のお世話になった。北海道大学文学部助教授の武田雅哉氏、同助手の澁谷瑞江さん、同大学院生の佐々木睦君および斉藤大紀君、そして国会図書館職員の鴇田潤氏である。

斉藤君が中国留学を終え帰国したとき、おみやげにと贈ってくれたのが、本書にもB羅盤として図版を載せた羅盤である。浙江省縉雲県のものだ。いまでも私は羅盤のことなどさっぱりわからないのだが（わかっていたら風水先生になって荒かせぎしている？）、ともあれ、写真や図版だけではお手あげの羅盤を、現物によって細部の字だけでも読めたのは幸いであった。以上の諸君にも謝意を表したい。

「風水ブーム」とやらのわが国で、百年以上も昔のアイテルのこんな地味な本が受け入れられるかどうかいささか不安だが、さきにもしるしたように、「賢い母親」へのおどろきを共有していただけると幸いである。おや、いまとどいた新刊書カタログにも、風水書が二冊……

一九九九年三月四日

【文庫版追記】

本書初版は、一九九九年、青土社刊である。「欲望のランドスケープ」というサブタイトルを附していたが、文庫版では、「中国哲学のランドスケープ」に改めた。中国哲学に昏《くら》い私にはいささか面映《おもはゆ》いサブタイトルだが、そこはそれ、ランドスケープ氏におまかせしよう。

さて、この文庫化にあたり、三浦國雄氏から懇篤を極めた「文庫版解説」をいただいたのは、大きなよろこびであり、感激またひとしおである。それも、並みの「解説」ではない、固苦しいこの訳書に鮮やかな血流を音たてて通してくださった、というか――。こころから御礼もうしあげたい。

二〇二一年一月

訳者解説注

（1）以下アイテルの経歴については、主として Lo Hsiang-lin, *Hong Kong and Western Cultures* (Tokyo: The Centre for East Asian Cultural Studies, 1963), pp. 31～37 に拠った。なお、本書巻頭に掲げたアイテルの写真も、同右書所載のものを借用した。
（2）太平天国とキリスト教との関係については多くの書に言及されているが、とりあえず次の三書を挙げておく。楊森富『中国基督教史』（一九六八、台湾商務印書館）・李志剛『基督教早期在華伝教史』（一九八五、台湾商務印書館）・顧衛民『基督教与近代中国社会』（一九九六、上海人民出版社）。また、客家とキリスト教との関係については、顧衛民同右書第四章一「客家人中的基督教」および Daniel H. Bays (ed.), *Christianity in China —— From the Eighteenth Century to the Present* (Stanford University Press, 1996) 所収の Nicole Constable, "Christianity and Hakka Identity," 参照。
（3）William Edward Soothill, *A Dictionary of Chinese Buddhist Terms with Sanskrit*

and English Equivalents and a Sanskrit-Pali Index (London: Kegan Paul, Trench, Trübner & Co., 1934) は、その序においてアイテルの *Handbook for the Student of Chinese Buddhism* を挙げて “the first means in English” と述べてから、“In form it was Sanskrit-Chinese-English, and the second edition unhappily omitted the Chinese-Sanskrit Index which was essential for the student reading the Chinese Sutras.” と批判している。ここでいう “the second edition” とは、日本で一九〇四年に出たものであるらしい。アイテルの *Handbook of Chinese Buddhism, Being a……* について何の言及もないのが気になるところであるが、中国仏教を学ぶための基本的工具書を独力でつくったアイテルの業績は大きいといえるであろう。

（4）“Mu T'ien Tzŭ Ch'uan,” *China Review*, vol. 17, Nos. 4 and 5 (1880)

（5） Thomas Allom (1804~1872) は香港がイギリスに帰属した直後に中国を旅行し、中国各地の風景・建築・風俗をスケッチし、その原画をもとにした銅版画を G. N. Wright の解説とともに *China Illustrated*, 4 vols. (London: Fisher, Son, & Co., 1843~47) として刊行した。この銅版画は *China Illustrated* とは別にバラ売りもされたらしく、最近アメリカの古美術商がそのほとんどをカタログに載せたので、訳者も再版以降に挿入されているのと同じものを入手することができたのである。なお、アローム *China Illustrated* については、拙稿「トマス・アロームの『チャイナ・イラストレイテッド』

をめぐって」（岩波講座『世界歴史』第十二巻月報、一九九九年二月）参照。

（6） Jan Jakob Maria de Groot（1854~1921）の *The Religious System of China*, 6 vols. (Leiden, 1892~1910) の vol. III-Book I. "Disposal of the Dead" のうちの、Part III. "The Grave" 中の Chapter XII. "Fung-shui" および Chapter XV. "On Graveyards and Free Burial Grounds"、さらに vol. III の付録 "On Some Exceptional Ways of Disposing of the Dead" が和訳されている。牧尾良海訳・注『風水 Fung-shui――地霊人傑の思想』（一九七七、大正大学出版部）、その改訂版は『中国の風水思想――古代地相術のバラード』（一九八六、第一書房）である。

（7） 牧尾良海訳改訂版一七六頁。

（8） 同右「訳者後記」二六六頁。

（9） 拙著『中国の妖怪』（一九八三、岩波新書）のⅢ―7「妖怪の環境学」では、一六三～一六八頁にかけて風水に言及した。そのころ参照しうるものはといえば、デ・ホロートの邦訳のほか、朝鮮総督府編（実際の執筆者は村山智順）『朝鮮の風水』（一九三一、朝鮮総督府。復刻版は一九七九、国書刊行会）、および新鮮な研究として Stephan D. R. Feuchtwang, *An Anthropological Analysis of Chinese Geomancy* (Vithagna, 1974) がある程度だった。

（10） Sarah Rossbach, *Feng Shui. Ancient Chinese Wisdom on Arranging a Harmonious*

Living Environment（初版のタイトルは *Feng Shui. The Chinese Art of Placement*（1st ed. in USA, 1983. repr. ed. London, Sydney, Auckland, Johannesburg: Rider, 1984）（以後ずっと版を重ねている）。中国語訳は李煥明訳注『風水：中国的方位芸術』（一九八七、台北・明文書局）。

(11) 荒俣宏『帝都物語』1〜10（一九八五〜八七、カドカワノベルズ。のち角川文庫）。同じく荒俣宏『風水先生——地相占術の驚異』（一九九四、集英社文庫）は、『帝都物語』の解説版といえよう。

(12) 渡邊欣雄『風水思想と東アジア』（一九九〇、人文書院）・『風水 気の景観地理学』（一九九四、人文書院）。三浦國雄『中国人のトポス——洞窟・風水・壺中天』（一九八八、平凡社）およびその増補版『風水——中国人のトポス』（一九九五、平凡社ライブラリー）、同『気の中国文化——気功・養生・風水・易』（一九九四、創元社）。窪徳忠『沖縄の風水』（一九九〇、平河出版社）。渡邊欣雄・三浦國雄編『風水論集』（一九九四、凱風社）。牧尾良海『風水思想論考』（一九九四、山喜房仏書林）。拙著『龍の住むランドスケープ——中国人の空間デザイン』（一九九一、福武書店）も、II「地平線のない風景」において、風景論として風水を論じた。

(13) たとえば何暁昕『風水探源——中国風水の歴史と実際』（三浦國雄監訳・宮崎順子訳。一九九五、人文書院）、崔昌祚『韓国の風水思想』（三浦國雄監訳・金在浩・澁谷鎮明訳。一九九七、人文書院)。韓国については、姜泳琇『青瓦台の風水師――これを知らなければ韓国はわからない』(一九九四、文藝春秋)および野崎充彦『韓国の風水師たち――今よみがえる龍脈』(一九九四、人文書院)もある。

(14) とりあえず次の三冊だけ挙げておく。王其亨主編『風水理論研究』(一九九二、天津大学出版社)、程建軍編著『風水与建築』(一九九二、江西科学技術出版社)、何暁昕・羅雋『風水史――風水・民俗・郷土文化』(一九九五、上海文芸出版社)。

(15) 訳者の手もとにあるこの種の本からいくつか紹介しておこう。Evelyn Lip, *Chinese Geomancy. A Layman's Guide to Feng Shui* (Singapore, Kuala Lumpur: Times Book Internaitonal, 1979), Derham Groves, *Feng-shui and Western Building Ceremonies* (Singapore: Graham Brash, 1991), Raymond Lo, *Feng Shui. The Pillars of Destiny ―― Understanding Your Fate and Fortune* (Singapore: Times Book International, 1994), Raymond Lo, *Feng-shui and Destiny* (Leicestershire: Tynron Press, 1992), Lillian Too, *Chinese Numerology in Feng Shui ―― The Time Dimension* (Singapore: Konsep Books, 1994) など。このうち、Raymond Lo の二冊は、風水理論の基礎の「応用」としての「四柱推命」を利用して、世界の「有名人」の運勢を説明してみせるという、低俗な(しかし「有効」な?)内容になっている。

(16) 一九九八年十一月十四日のヴェネツィアからアムステルダムへのKLM機内にて、

英字紙であるというだけの理由で訳者がたまたま手にした *The Wall Street Journal Europe* 紙一九九八年十一月十四号に、イギリス風水協会（English Feng Shui Society）ロンドン支部の活躍についての長い記事が載っていた。Simon Brown が一九九七年に出版した *Practical Feng Shui for Business* という著書（訳者未見）は、発行以来じつに二十五万部も売れたという。その記事に添えられていた挿絵も転載しておこう。中国ふうに改造しつつあるビルの入口に立つ二人の男は、FENG SHUI と大書した新聞（?·）を手に議論しているらしい。

（17）前掲『風水理論研究』（注（14）参照）所収の王蔚・戚珩「毀誉交加説風水——［英］E・J・伊特尔《風水：古代中国神聖的景観科学》評介」参照。「伊特尔」は Eitel の漢字音訳。評者たちが新版テキストを用いていること、サブタイトル（*The Science of Sacred Landscape in Old China*）からわかる。

文庫版解説　「賢い母親」と「愚かな娘」

三浦國雄

ひと頃の「風水ブーム」は去り、当今「風水」は一個の占術として人々の暮らしの中にそれなりの居場所を確保しているように見える。その「ブーム」と時期的に重なって、このものが一個の研究対象として見直されはじめた事情は一般には余り知られていない。研究対象としての「風水」の歴史を振り返ると、今を去る一五〇年ほどの昔にこのものの真相を解明しようとしたヨーロッパ人が居たことはもっと知られていない。そういうわけで、読者が誤解しないように本書はハウツー本ではないことを初めに断っておきたい。とはいっても、カタイだけの面白味のない本ではなく、伝道師として中国生活の長かった作者の血が通っていることも云っておかねばならない。

さて、本書にはすでに訳者中野美代子氏による周到な解説が付されている。のみならずなんという親切さか、本文だけでなくその解説にまで丁寧な注が施されている。それなのにここでまた筆者が解説をするというのは、当文庫の体例とはいえ、文字通り屋上に屋を架す愚を犯すことになりかねない。原著については全面的に中野氏の解説に譲り、ここでは「中野美代子」という当世希代の知性を語るべしというわが内心の呟《つぶや》きが聞こえぬでもない。しかしながらここはそういう場ではない。主役はあくまでアイテル『風水』であるからだ。そうすると、本書と「中野美代子」とが接する界面を歩むという選択肢が現われてくる。単行本刊行時の本書の副題「欲望のランドスケープ」(文庫版では「中国哲学のランドスケープ」に改題)はそもそも原書にはなく、ここにすでにその一端が露呈しているように「風水」というこの特異な地理学は「中野ワールド」を構成するかなり重要なファクターなのである。

そういうわけでここでは、中野氏が解説中で述べている本書を訳出した三つの意義(または本書の価値、評価)を基軸に論を進めて読者の理解を助けたいと思う。

氏はまず第一点として、本書の意義は「欧米のみならず日本を含めての近代的な風水研究の嚆矢《こうし》といえる」ところにあるとする。筆者もその一人であるのだが、一九八〇年代以前に「風水」なるものをシノロジー、または地理学、民俗学、さらには人類学などの研究対象として学ぼうとする場合、牧尾良海氏によって翻訳紹介されたオランダの宗教人類学者デ・ホロートのものがほとんど唯一の入門書であった（本書訳者解説一八一頁およびその注6参照）。恥ずかしながら筆者も、本書の訳が出るまで、デ・ホロートに二十年も先行するこのアイテルの書物のことはまったく知らなかった。

右に、希有な入門書としてデ・ホロートの翻訳書を挙げたけれども、日本人の手になる記念碑的な風水研究として、村山智順『朝鮮の風水』（一九三一年初刊、一九七九年国書刊行会復刻）を落とすわけにはゆかない。本書は中野氏の解説中でも言及されている（注9）。村山は朝鮮総督府の嘱託として朝鮮の民俗・習慣・信仰・暮らしを実地に調査し、厖大な報告書を残した。その主著が本書なのであるが、彼は「生気」を根拠とする風水の有機体的大地観を近代地理学に対置し、理論と実践の両面から「風水の邦」（中上健次の語）としての朝鮮半島における風水の実態を余すところなく記述している（総八五七頁）。韓国で本書の二種類の韓訳が出ていることを付け加えておこう。

少し横道に逸れたので、急いでアイテルに戻らねばならない。中野氏は本書を「近代的な風水研究の嚆矢」と評価しているわけであるが、ただ斎藤斉氏の「風水研究に関する主要文献目録 和文・欧文編（刊年順）」（三田史学会『史学』五九－四、一九九〇年）などを見ると、欧米ではアイテル以前に風水研究を行なった複数の学人がおり、必ずしもアイテルが風水研究を始めたわけではないようである。筆者は洋学に暗いのでアイテル以前の先行研究をトレースできないが、厳密な意味で「嚆矢」かどうかは別にして、本書が今日的な評価に耐えうる先駆的な研究書であることは動かない。

そのことより、ここで特記しておきたいのは中野氏の「風水」に対する関心の早さである。本邦の風水研究（および世間の風水熱）が盛り上がりを見せたのは、社会人類学の渡邊欣雄《よしお》氏が一九八九年に「全国風水研究者会議」なるものを立ち上げられて以降のことだと考えられる。このことは中野氏も訳者解説中で言及しておられる（一八四頁）。一方、中野氏がアイテルの本書に出会ったのはそれよりもはるかに早い（同一八九頁）。その後、風水に対する最初の言及が『中国の妖怪』（岩波新書、一九八三年）において六頁にわたってなされている（同一九四頁注9）。ここにはすでに、氏の風水に対する特異な関心のありかが示されている。筆者は「中野美代子」という希有な存在の基本的なあり方は「ヴォワイアン」（視る人）だと勝手に考えているが、絵画（中国の場合は山水画）や庭園を偏愛する中野氏にとって風水は何よりもまず、

「無限にあり得べき風景の諸相」を「規範的に決めてしまう」よき手段であった（引用は前掲『中国の妖怪』一六七頁）。ここでの「規範」とは、簡単に云えば地形を「四神」（青龍、白虎、朱雀、玄武という四方位の守護神）に見立てる風水の基礎理論を指している。

次いで本格的な風水論は一九八七年、「長江をめぐる空間意識——風水文化試論」（福武書店刊『長江文明と日本』所収、のちに一九九一年、「長江をめぐるひょうたんシンボリズム」と改題して朝日新聞社刊『ひょうたん漫遊録』に再録）として発表される。これは壺または葫蘆《ころ》（ヒョウタン）をモデルに、四川盆地、陶淵明が描いた桃源境、そして中国・朝鮮の首都選定（特に南京のケース）、さらには山水画を取り上げてそれらの同質性を風水に求めたもので、「風水から見て理想の地形は、必然的に桃源郷のトポグラフィと合致する」（同書二〇八頁）というのが結論になっている。ここでの主役は「龍穴」（風水でいう生気が集中するスポット）であり、「風水でいうところの龍穴または穴とは、山中他界としての桃源境のミニアチュアにすぎないのである」（同書二〇五頁）と云われる場合の「ミニアチュア」とは、もとより壺または葫蘆を指している。四川省成都で数年暮らしたことのある筆者は、あの広大な四川盆地を二つる。

の出入口（剣閣と長江）を持つ壺または葫蘆に見立てる奇抜な発想には度肝を抜かれる。

そして第三弾というべきものが『龍の住むランドスケープ――中国人の空間デザイン』（一九九一年、福武書店）所収の数篇である。タイトルがすでに風水的なのであるが、本書の全体が風水を論じたものではない。紙数が限られているのでここでは風水を扱う七篇のすべてを紹介できず、以下の篇名から想像していただくほかはない。「香港上海銀行ビル」、「四神のいる風景」、「龍のいる地理学」、「風水都市」、「王維の別荘――風水と山水画（一）」、「地平線のない風景――風水と山水画（二）」、「風水とエロス」――。少しだけ補足しておけば、「香港……」は、イギリスの建築家によって設計された該銀行（一九八六年完成、四七階建て）が設計の段階で香港の風水師のアドバイスを受けていたという現代の風水事情を扱っている（訳者解説一八三頁にも言及あり）。建築と風水ということで筆者は想起するのであるが、畏友の綺想の建築家・毛綱《もづな》毅曠《きこう》（一九四一～二〇〇一）が釧路市立博物館と釧路市湿原展望資料館を風水の山局図（地形イメージ図）にヒントを得て設計し、日本建築学会賞を受賞したのもほぼ同じ頃（一九八五年）のことであった。最後の「風水とエロス」に関しては以下の核心的箇所を引用しておく。「風水思想の出現とその通俗化によって、この「母性」シンボリズム（三浦注／亀甲墓が母胎のような形状をしていること。本訳書四二～四三頁掲載のアロームの画にも垣間見える）は、シンボリズムの殻を脱ぎすて、ついに「母性」そのものというリアリズムに至ってしまったのである。風水は、かくして、エロスである。そして、風景もまた、エロティックにデザインされた」（同書二二二頁）。最後の「風景もまた……」は、前引村山の『朝鮮の風水』に掲載されている女性生殖器を思わせる山局図を指している（同書一一七頁）。この図は有名なもので、しばしば諸書で引用されるのであるが、村山はその出処を明記していない。「エロス」もまた中野氏の重要なテーマであるが、ここでは『仙界とポルノグラフィー』（青土社、一九八九年）、『肉麻図譜《ろうまあ》——中国春画論序説』（作品社、二〇〇一年）の二書を挙げておくに留めたい。

以上、少し中野ワールドの方に傾斜しすぎたかもしれない。筆者が云いたかったのは、中野氏はいわゆる「風水ブーム」が発生するよりもっと早くから風水に着目されていたという事実である。氏は本書を翻訳した時点ではすでに風水を自家薬籠中のものにされており、そういう人物のお眼鏡にかなったのが本書なのであった。中野氏は本訳書の注釈などで、風水研究の先達として渡邊欣雄氏とともに筆者の名前を挙げて下さっているが、筆者が風水関係のごく短い文章を最初に発表したのが一九八四年のことで（「墓・大地・風水」、平凡社『月刊百科』二六〇号）、決して中野氏の先達などではない。

では、当のアイテルの本書はどういう特徴を備えているのか、中野氏はどういうところに魅力を感じられたのか。次に、本書訳出の二番目の意義についてコメントしてみよう。このことは、風水はどのように自然に向き合っているのかと問う、アイテルの問題意識と関わっている。アイテルは本書中、何度も「風水とは何か」という問いを発しつつ考察を進めてゆくのであるが、「自然」と「自然科学」と「迷信」という三者の緊張関係のどこに「風水」を位置づけるべきか、という問題意識が彼の脳裏から離れない。結論的には、「中国では、自然科学は、ついぞ育たなかった」（一八頁）、「迷信やら無知やら哲学やらの奇妙な寄せ集めもの」（一二二頁）、「せいぜい割増しして中国の自然学と呼んではいるのだが、科学的見地からすれば、子供じみた八卦図との非現実的な戯れによって美化された、自然についての粗っぽい憶測の寄せ集めにすぎない」（一二四頁）などと述べ、あまつさえ終章においてまたしても「風水とはいったい何なのか」と半ば自問気味に同じ問いを立て、以下のように念を押すのである。「それは中国人の精神が自然科学の体系を求めてやみくもに手さぐりしたこと、というに尽きるであろう。その手さぐりは、自然を実際的に観察しようとはしなかった。……」（一三三頁）。

筆者などは、このように同じ問いを何度も立て、その都度同じような答えを提出せざるを得なかったアイテルというこの一九世紀人に親しみを感じる。アイテルの心理としては、風水から自然科学的要素を見出し、敬愛する中国人とその文明を讃美したかったのであろう。その終章の同じ文脈においてアイテルは、「風水とは、賢い母親の愚かな娘」と書くのであるが、この言表を「けっして中国人にたいする侮蔑を含んではいない」とする中野氏のコメントは筆者も全く同感である（一八八頁）。ただ、筆者としては上引の「（風水師は）自然を実際に観察しようとはしなかった」という彼の見解には若干抵抗を感じる。大筋としてはそうなのだが、たとえば中国の古い族譜を見ると、決まって一族の父祖たちの墓地のあり場所が風水的な地形図として巻頭に掲げられている。あれらは風水的「規範」（中野氏の用語）という色眼鏡によってデフォルメされているとはいえ、実際の地形に限りなく近いと思う。

アイテルは、風水は「迷信」という結論を導き出さざるを得なかったけれども、上に挙げた枠組みによって風水に対峙しようとした彼のスタンスは極めて真摯で、極めてまっとうだったと思う。風水なるものは「巨大なキマイラ」（渡邊・三浦編『風水論集』凱風社、一二三頁）というほかはない一種のカオスなので、アプローチの仕方が問われる。現代の風水研究は、むしろ「迷信」を前提とした上で、だからどうなんだ、という方向へ展開しているが、この一九世紀のヨーロッパ人にとっては「科学」なるものが未知のカオスを切開してゆく最も信憑すべき方法であった。

アイテルはまず、天と地から説き起こす。中国では古代以来、天と地は合わせ鏡のようになっていて、天には大地が、大地には天が投影されているとする思考が存在したが、風水というある種卑俗な土地判断の術にも宇宙の法則が活用されていることを彼が見抜いたのは慧眼であった。その法則（中野流にいえば宇宙を把握する際の「規範」）というのは、太極、陰陽、五行、八卦などという中国哲学の根幹を構成するカテゴリーであり、前引のようにアイテルが「賢い母親」と述べる当のものである。中野氏は多少の揶揄を込めてこれを「スコラ的論理」などと呼んでいる（一八八頁）。中アイテルが風水の基礎理論としてまずこうした中国固有の形而上学から始めたのは正解であった。彼はさらに、中国的天文学の諸概念とそうした形而上学の諸カテゴリーとがさほど大きくはない円盤上に秩序だって刻まれている「羅盤」を丁寧に解説する。「羅盤」は風水師必携のアイテムであり、抜け目のない彼らはこの商売道具を権威づけて「羅経」と呼び慣わしていた。中野氏はこうした「賢い母親」を分析するアイテルの風水論に対する「おどろき」を読者に促すのであるが、これが中野氏の云う本書の第三の意義になる。筆者としては、アイテルが続く第四章において「気」を論じ、第六章において風水の歴史まで取り上げている目配りも大いに評価してやりたい。

いわゆる「ウエスターン・インパクト」（西学東漸）とは逆に、ヨーロッパには中国哲学受容の長くて重厚な歴史があるにせよ——このテーマに関しては先年物故された堀池信夫氏（一九四七～二〇一九）の記念碑的巨著『中国哲学とヨーロッパの哲学者』明治書院刊を参照されよ——一九世紀欧州において風水という一見あやしげな体系についてこれほど完備した研究がなされていたことに驚かされる。本書にはもとより時代的な制約や限界があるものの、風水の真面目をコンパクトにまとめた、よき入門書としての価値はなおまだ色あせていない。原書にはない中野氏秘蔵の数葉の銅版画が挿入されているのも眼の愉しみになる。先に少し触れたアロームは「アイテムとほぼ同時代に中国を旅した」イギリス人画家で（中野『天竺までは何マイル？』所収「トマス・アロームの中国風景画」、青土社、二〇〇〇年）、特に湖北省の道教の聖地・武当山を描いた画（一二六～一二七頁）は、生ある物のように隆起する山容が描かれており、アイテルの本書と深層で共振している。

（みうら・くにお　大阪市立大学名誉教授）

本書は一九九九年四月、青土社より刊行された。

専制国家史論　足立啓二

封建的な共同団体性を欠いた専制国家・中国。歴史的にこの国はいかなる展開を遂げてきたのか。中国の特質と世界の行方を縦横に考察した比類なき論考。

暗殺者教国　岩村忍

政治外交手段として暗殺をくり返したニザリ・イスマイリ教国。広大な領土を支配したこの国の奇怪な活動を支えた教義とは？　（鈴木規夫）

増補 魔女と聖女　池上俊一

魔女狩りの嵐が吹き荒れた中近世、美徳と超自然的力により崇められる聖女も急増する。女性嫌悪と礼賛の熱狂へ人々を駆りたてたものの正体に迫る。

ムッソリーニ　ロマノ・ヴルピッタ

統一国家となって以来、イタリア人が経験した激動の歴史。その象徴ともいうべき指導者の実像とは。既成のイメージを刷新する画期的ムッソリーニ伝。

資本主義と奴隷制　エリック・ウィリアムズ　中山毅訳

産業革命は勤勉と禁欲と合理主義の精神などではなく、黒人奴隷の血と汗がもたらしたことを告発した歴史的名著。待望の文庫化。　（川北稔）

中華人民共和国史十五講　王丹　加藤敬事訳

八九年天安門事件の学生リーダー王丹。逮捕・収監後、亡命先で母国の歴史を学び直し、敗者たちの透徹した認識を復元する、鎮魂の共和国六〇年史。

増補 中国「反日」の源流　岡本隆司

「愛国」が「反日」と結びつく中国。この心情は何に由来するのか。近代史の大家が20世紀の日中関係を解き、中国の論理を描き切る。　（五百旗頭薫）

世界システム論講義　川北稔

近代の世界史を有機的な展開過程として捉える見方、それが〈世界システム論〉にほかならない。第一人者が豊富なトピックとともにこの理論を解説する。

インド文化入門　辛島昇

異なる宗教・言語・文化が多様なまま統一された稀有な国インド。なぜ多様性は排除されなかったのか。共存の思想をインドの歴史に学ぶ。　（竹中千春）

中国の歴史 岸本美緒

中国とは何か。独特の道筋をたどった中国社会の変遷を、東アジアとの関係に留意して解説。初期王朝から現代に至る通史を簡明かつダイナミックに描く。

大都会の誕生 喜安朗／川北稔

都市型の生活様式は、歴史的にどのように形成されてきたのか。この魅力的な問いに、碩学がふたつの都市の豊富な事例をふまえて重層的に描写する。

共産主義黒書〈ソ連篇〉 ステファヌ・クルトワ／ニコラ・ヴェルト 外川継男訳

史上初の共産主義国家〈ソ連〉は、大量殺人・テロル・強制収容所を統治形態にまで高めた。レーニン以来行われてきた犯罪を赤裸々に暴いた衝撃の書。

共産主義黒書〈アジア篇〉 ステファヌ・クルトワ／ジャン=ルイ・マルゴラン 高橋武智訳

アジアの共産主義国家は抑圧政策においてソ連以上の悲惨を生んだ。中国、北朝鮮、カンボジアなどでの実態は我々に歴史の重さを突き付けてやまない。

ヨーロッパの帝国主義 アルフレッド・W・クロスビー 佐々木昭夫訳

15世紀末の新大陸発見以降、ヨーロッパ人はなぜ次々と植民地を獲得できたのか。病気や動植物に着目して帝国主義の謎を解き明かす。（川北稔）

民のモラル 近藤和彦

統治者といえど時代の約束事に従わざるをえなかった18世紀イギリス。新聞記事や裁判記録、ホーガースの風刺画などから騒擾と制裁の歴史をひもとく。

台湾総督府 黄昭堂

清朝中国から台湾を割譲させた日本は、新たな統治機関として台北に台湾総督府を組織した。抵抗と抑圧と建設。植民地統治の実態を追う。（檜山幸夫）

増補 大衆宣伝の神話 佐藤卓己

祝祭、漫画、シンボル、デモなど政治の視覚化は大衆の感情をどのように動員したか。ヒトラーが学んだプロパガンダを読み解く「メディア史」の出発点。

ユダヤ人の起源 シュロモー・サンド 高橋武智監訳 佐々木康之／木村高子訳

〈ユダヤ人〉はいかなる経緯をもって成立したのか。歴史記述の精緻な検証によって実像に迫り、そのアイデンティティを根本から問う画期的試論。

中東全史　バーナード・ルイス　白須英子訳

キリスト教の勃興から20世紀末まで。中東学の世界的権威が、中東全域における二千年の歴史を一般読者に向けて書いた、イスラーム通史の決定版。

隊商都市　ミカエル・ロストフツェフ　青柳正規訳

通商交易で繁栄した古代オリエント都市のペトラ、パルミュラなどの遺跡に立ち、往時に思いを馳せたロマン溢れる歴史紀行の古典的名著。（前田耕作）

法然の衝撃　阿満利麿

法然こそ日本仏教を代表する巨人であり、ラディカルな革命家だった。鎮魂慰霊を超えて救済の原理を指し示した思想の本質に迫る。

親鸞・普遍への道　阿満利麿

絶対他力の思想はなぜ、どのように誕生したのか。日本の精神風土と切り結びつつ普遍的救済への回路を開いた親鸞の思想の本質に迫る。（西谷修）

歎異抄　阿満利麿訳／注／解説

没後七五〇年を経てなお私たちの心を捉える、親鸞の言葉。わかりやすい注と現代語訳、今どう読んだらよいか道標を示す懇切な解説付きの決定版。

親鸞からの手紙　阿満利麿

現存する親鸞の手紙全42通を年月順に編纂し、現代語訳と解説で構成。これにより、親鸞の人間的苦悩と宗教的深化が、鮮明に現代に立ち現れる。

行動する仏教　阿満利麿

戦争、貧富の差、放射能の恐怖……。このどうしようもない世の中でも、絶望せずに生きてゆける、21世紀にふさわしい新たな仏教の提案。

無量寿経　阿満利麿注解

なぜ阿弥陀仏の名を称えるだけで救われるのか。法然や親鸞がその理解に心血を注いだ経典の本質を、懇切丁寧に説き明かす。文庫オリジナル。

道元禅師の『典座教訓』を読む　秋月龍珉

「食」における禅の心とはなにか。道元が禅寺の食事係である典座の心構えを説いた一書を現代人の日常の視点で読み解き、禅の核心に迫る。（竹村牧男）

世界宗教史4　ミルチア・エリアーデ　柴田史子訳

ナーガールジュナまでの仏教の歴史とジャイナ教から、ヒンドゥー教の総合、ユダヤ教の試練、キリスト教の誕生などを収録。（島田裕巳）

世界宗教史5　ミルチア・エリアーデ　鶴岡賀雄訳

古代ユーラシア大陸の宗教、八―九世紀までのキリスト教、ムハンマドとイスラーム、イスラームと神秘主義、ハシディズムまでのユダヤ教など。

世界宗教史6　ミルチア・エリアーデ　鶴岡賀雄訳

中世後期から宗教改革前夜までのヨーロッパの宗教運動、宗教改革前後における宗教、魔術、ヘルメス主義の伝統、チベットの諸宗教を収録。

世界宗教史7　ミルチア・エリアーデ　奥山倫明／木塚隆志／深澤英隆訳

エリアーデ没後、同僚や弟子たちによって完成された最終巻の前半部。メソアメリカ、インドネシア、オセアニア、オーストラリアなどの宗教。

世界宗教史8　ミルチア・エリアーデ　奥山倫明／木塚隆志／深澤英隆訳

西・中央アフリカ、南・北アメリカの宗教、日本の神道と民俗宗教。啓蒙期以降ヨーロッパの宗教的創造性と世俗化などを収録。全8巻完結。

回教概論　大川周明

最高水準の知性を持つと言われたアジア主義者の力作。イスラム教の成立経緯や、経典などの要旨が的確に記された第一級の概論。（中村廣治郎）

神社の古代史　岡田精司

古代日本ではどのような神々が祀られていたのか。《祭祀の原像》を求めて、伊勢、宗像、住吉、鹿島など主要な神社の成り立ちや特徴を解説する。

中国禅宗史　小川隆

唐代から宋代において、禅の思想は大きく展開した。各種禅語録を思想史的な文脈に即して読みなおす試み。〈禅の語録〉全二〇巻の「総説」を文庫化。

原典訳 チベットの死者の書　川崎信定訳

死の瞬間から次の生までの間に魂が辿る四十九日の旅――中有（バルドゥ）のありさまを克明に描き、死者に正しい解脱の方向を示す指南の書。

鎌倉仏教　佐藤弘夫

宗教とは何か。それは信念をいかに生きるかということだ。法然・親鸞・道元・日蓮らの足跡をたどり、鎌倉仏教を「生きた宗教」として鮮やかに捉える。

観無量寿経　佐藤春夫訳・注　石田充之解説

我が子に命狙われる「王舎城の悲劇」で有名な浄土仏教の根本経典。思い通りに生きることのできない我々を救う究極の教えを、名訳で読む。（阿満利麿）

大乗とは何か　三枝充悳

仏教が世界宗教としての地位を得たのは大乗仏教においてである。重要経典・般若経の成立など諸考察を収めた本書は、仏教への格好の入門書となろう。

道教とはなにか　坂出祥伸

「道教がわかれば、中国がわかる」と魯迅は言った。伝統宗教として現在でも民衆に根強く崇拝されている道教の全貌とその究極的真理を詳らかにする。

増補 日蓮入門　末木文美士

多面的な思想家、日蓮。権力に挑む宗教家、内省的な理論家、大らかな夢想家など、人柄に触れつつ遺文を読解き、思想世界を探る。（花野充道）

反・仏教学　末木文美士

人間は本来的に、公共の秩序に収まらないものを抱えた存在だ。〈人間〉の領域＝倫理を超えた他者／死者との関わりを、仏教の視座から問う。

禅に生きる　鈴木大拙コレクション　鈴木大拙　守屋友江編訳

静的なイメージで語られることの多い大拙。しかし彼の仏教は、この世をよりよく生きていく力を与えるアクティブなものだった。その全貌に迫る著作選。

文語訳聖書を読む　鈴木範久

明治期以来、多くの人々に愛読されてきた文語訳聖書。名句の数々とともに、日本人の精神生活と表現世界を豊かにした所以に迫る。文庫オリジナル。

内村鑑三交流事典　鈴木範久

近代日本を代表するキリスト者・内村鑑三。その多彩な交流は、一個の文化的山脈を形成していた。事典形式で時代と精神の姿に迫る。文庫オリジナル。

ローマ教皇史　鈴木宣明

二千年以上、全世界に影響を与え続けてきたカトリック教会。その組織的中核である歴代のローマ教皇に沿って、キリスト教全史を読む。（藤崎衛）

空海入門　竹内信夫

空海が生涯をかけて探求したものとは何か――。稀有な個性への深い共感を基に、著作の入念な解釈と現地調査によってその真実へ迫った画期的入門書。

釈尊の生涯　高楠順次郎

世界的仏教学者による釈迦の伝記。パーリ語経典や漢訳仏伝等に依拠し、人間としての釈迦の姿を生き生きと描き出す。貴重な図版多数収録。（石上和敬）

原始仏典　中村元

釈尊の教えを最も忠実に伝える原始仏教の諸経典の数々。そこから、最重要な教えを選りすぐり、極めて平明な注釈で解く。（宮元啓一）

原典訳　原始仏典（上）　中村元編

原パーリ文の主要な聖典を読みやすい現代語訳で。上巻には「偉大なる死」（大パリニッバーナ経）「本生経」「長老の詩」などを抄録。

原典訳　原始仏典（下）　中村元編

下巻には「長老尼の詩」「アヴァダーナ」「百五十讃」「ナーガーナンダ」などを収める。ブッダのことばに触れることのできる最良のアンソロジー。

ほとけの姿　西村公朝

ほとけとは何か。どんな姿で何処にいるのか。千体を超す国宝仏の修復、仏像彫刻家、僧侶として活躍した著者ならではの絵解き仏教入門。（大成栄子）

選択本願念仏集　法然／石上善應訳・注・解説

全ての衆生を救わんと発願した法然は、ついに、念仏すれば必ず成仏できるという専修念仏を創造し、本書を著した。菩薩魂に貫かれた珠玉の書。

一百四十五箇条問答　法然／石上善應訳・解説

人々の信仰をめぐる百四十五の疑問に、法然が分かりやすい言葉で答えた問答集を、現代語訳して文庫化。これを読めば念仏と浄土仏教の要点がわかる。

アレクサンドロス大王物語
伝カリステネス　橋本隆夫 訳
アレクサンドロスの生涯は、史実を超えた伝説として西欧からイスラムに至るまでの世界に大きな影響を与えた。伝承の中核をなす書物。（澤田典子）

西洋古典学入門
久保正彰
古代ギリシア・ローマの作品を原本に近い形で復原すること。それが西洋古典学の使命である。ホメーロスなど、諸作品を紹介しつつ学問の営みを解説。

貞観政要
呉兢　守屋洋 訳
大唐帝国の礎を築いた太宗が名臣たちと交わした政治問答集。編纂されて以来、帝王学の古典として屹立する。本書では、七十篇を精選・訳出。

シェイクスピア・カーニヴァル
ヤン・コット　高山宏 訳
既存の研究に画期をもたらしたコットが、バフチーンのカーニヴァル理論を援用しシェイクスピア作品に流れる「歴史のメカニズム」を大胆に読み解く。

初学者のための中国古典文献入門
坂出祥伸
文学、哲学、歴史等「中国学」を学ぶ時、必須となる古典の基礎知識。文献の体裁、版本の知識、図書分類他を丁寧に解説する。反切とは？　偽書とは？

詳講 漢詩入門
佐藤保
二千数百年の中国文学史の中でも高い地位を占める古典詩。その要点を、形式・テーマ・技巧等により系統だてて、初歩から分かりやすく詳しく学ぶ。

シュメール神話集成
杉勇　尾崎亨 訳
「洪水伝説」「イナンナの冥界下り」など世界最古の神話・文学十六篇を収録。ほかでは読むことのできない貴重な原典資料。豊富な訳注・解説付き。

エジプト神話集成
杉勇　屋形禎亮 訳
不死・永生を希求した古代エジプト人の遺した、ピラミッド壁面の銘文ほか、神への讃歌、予言、人生訓など重要文書約三十篇を収録。

宋名臣言行録
朱熹 編　梅原郁 編訳
北宋時代、総勢九十六名に及ぶ名臣たちの言動を大儒・朱熹が編纂。唐代の『貞観政要』と並ぶ帝王学の書であり、処世の範例集として今も示唆に富む。

資治通鑑　司馬光　田中謙二編訳
全二九四巻にもおよぶ膨大な歴史書『資治通鑑』のなかから、侯景の乱、安禄山の乱など名シーンを精選。破滅と欲望の交錯するドラマを流麗な訳文で。

十八史略　曾先之　今西凱夫訳　三上英司編
『史記』『漢書』『三国志』等、中国の十八の歴史書をまとめた『十八史略』から、故事成語、人物にまつわる名場面を各時代よりセレクト。（三上英司）

アミオ訳 孫子〔漢文・和訳完全対照版〕　守屋淳監訳・注解　臼井真紀訳
最強の兵法書『孫子』。この書を十八世紀ヨーロッパに紹介したアミオによる伝説の訳業がついに邦訳。その独創的解釈の全貌がいま蘇る。（伊藤大輔）

和訳 聊斎志異　蒲松齢　柴田天馬訳
中国清代の怪異短編小説集。仙人、幽霊、妖狐たちが繰り広げるおかしくも艶やかな話の数々。日本の文豪たちにも大きな影響を与えた一書。（南條竹則）

フィレンツェ史（上）　ニッコロ・マキァヴェッリ　在里寛司／米山喜晟訳
権力闘争、周辺国との駆け引き、戦争、政権転覆……。マキァヴェッリの筆によりさらにドラマチックに彩られるフィレンツェ史。文句なしの面白さ！

フィレンツェ史（下）　ニッコロ・マキァヴェッリ　在里寛司／米山喜晟訳
古代ローマ時代からのフィレンツェ史を俯瞰することで見出された、歴史におけるある法則……。マキァヴェッリの真骨頂が味わえる一冊！（米山喜晟）

ギルガメシュ叙事詩　矢島文夫訳
ニネベ出土の粘土書板に初期楔形文字で記された英雄ギルガメシュの波乱万丈の物語。「イシュタルの冥界下り」を併録。最古の文学の初の邦訳。

メソポタミアの神話　矢島文夫
「バビロニアの創世記」から「ギルガメシュ叙事詩」まで、古代メソポタミアの代表的神話をやさしく紹介。第一人者による最良の入門書。（沖田瑞穂）

北欧の神話　山室静
キリスト教流入以前のヨーロッパ世界を鮮やかに語り伝える北欧神話。神々と巨人たちとが織りなす壮大な物語をやさしく説き明かす最良のガイド。

漢文の話　吉川幸次郎

日本人の教養に深く根ざす漢文を歴史的に説き起こし、その由来、美しさ、読む心得や特徴を平明に解説する。贅沢で最良の入門書。（興膳宏）

「論語」の話　吉川幸次郎

人間の可能性を信じ、前進するのを使命であると考えた孔子。その思想と人生を「論語」から読み解く中国文学の碩学による最高の入門書。

老子　福永光司訳

己の眼で見ているこの世界は虚像に過ぎない。自我を超えた「無為自然の道」を説く、東洋思想が生んだ画期的な一書を名訳で読む。（興膳宏）

荘子　内篇　福永光司／興膳宏訳

人間の醜さ、愚かさ、苦しさから鮮やかに決別する、古代中国が生んだ解脱の哲学三篇。中でも「内篇」は荘子の思想を最もよく伝える篇とされる。

荘子　外篇　福永光司／興膳宏訳

内篇で繰り広げられた荘子の思想を、説話・寓話のかたちでわかりやすく伝える外篇。独立した短篇集として読んでも面白い、文学性に富んだ十五篇。

荘子　雑篇　福永光司／興膳宏訳

荘子の思想をゆかいで痛快な言葉でつづった「雑篇」。日本でも古くから親しまれてきた「漁父篇」や「盗跖篇」など、娯楽度の高い長篇作品が収録されている。

墨子　森三樹三郎訳

諸子百家の時代、儒家に比肩する勢力となった学団・墨家。全人を公平に愛し侵攻戦争を認めない独特な思想を読みやすさ抜群の名訳で読む。（湯浅邦弘）

「科学者の社会的責任」についての覚え書　唐木順三

核兵器・原子力発電という「絶対悪」を生み出した科学技術への無批判な信奉を、思想家の立場からきびしく問う、著者絶筆の警世の書。（島薗進）

古典との対話　串田孫一

やっぱり古典はすばらしい。デカルトも鴨長明もみんな友達。少年のころから読み続け、今もなお、何度も味わう。碩学が語る珠玉のエッセイ、読書論。

ちくま学芸文庫

風水《ふうすい》　中国哲学《ちゅうごくてつがく》のランドスケープ

二〇二一年三月十日　第一刷発行

著者　エルネスト・アイテル
訳者　中野美代子（なかの・みよこ）
　　　中島健（なかじま・たけし）
発行者　喜入冬子
発行所　株式会社　筑摩書房
東京都台東区蔵前二―五―三　〒一一一―八七五五
電話番号　〇三―五六八七―二六〇一（代表）
装幀者　安野光雅
印刷所　三松堂印刷株式会社
製本所　三松堂印刷株式会社

ISBN978-4-480-51028-0 C0139